Schwalbe/Zander, Der Verkaufsberater

Band III: Mitarbeiter im Verkauf

Der Verkaufs-berater:

Herausgegeben von
Dr. Heinz Schwalbe
und
Prof. Dr. Ernst Zander

Band III

Mitarbeiter im Verkauf

von
Dr. Heinz Schwalbe
und
Prof. Dr. Ernst Zander

Rudolf Haufe Verlag · Freiburg im Breisgau

CIP-Kurztitelaufnahme der Deutschen Bibliothek

Der Verkaufsberater : [Basiswerk] / hrsg. von Heinz Schwalbe u. Ernst Zander. – Freiburg im Breisgau : Haufe
  ISBN 3-448-01740-X
NE: Schwalbe, Heinz [Hrsg.]
Bd. 3. Schwalbe, Heinz: Mitarbeiter im Verkauf – 1987.
Schwalbe, Heinz:
Mitarbeiter im Verkauf / von Heinz Schwalbe u. Ernst Zander. – Freiburg im Breisgau: Haufe, 1987.
  (Der Verkaufsberater; Bd. 3)
  ISBN 3-448-01733-7
  ISBN 3-448-01740-X (Gesamtw.)
NE: Zander, Ernst:; HST

ISSN 0931-413X
ISBN 3-448-01740-X (Basiswerk, Bände I bis V)   Best.-Nr. 00.20
ISBN 3-448-01733-7 (Bd. III)
© Rudolf Haufe Verlag, Freiburg i. Br. 1987
Alle Rechte, auch die des auszugsweisen Nachdrucks, der fotomechanischen Wiedergabe (einschließlich Mikrokopie) sowie der Auswertung durch Datenbanken oder ähnliche Einrichtungen, vorbehalten.
Umschlag-Entwurf: Strehlau & Hofe, Freiburg i. Br.
Druck: VID Verlags- und Industriedrucke GmbH & Co. KG, 7730 Villingen-Schwenningen

Vorwort

Das haben Sie gewiß auch schon erlebt: Renovation, ein ganzes Warenhaus wird auf den Kopf gestellt. An Material spart man nicht. Alles nur vom Besten. Manches erscheint fast künstlerisch. Jedenfalls fehlt es nicht an Idee und Witz. Nach der Wiedereröffnung gehen Sie wie gewohnt – sagen wir einmal – in die Lebensmittelabteilung, und zwar zwanzig Minuten vor Ladenschluß. Frischwurstwaren werden bereits weggeräumt, die meisten Verkäuferinnen halten sich nicht mehr hinter der Theke, sondern im Nebenraum auf. Sie reinigen die Maschinen. Vor der Theke wächst die Schlange, wächst der Unmut.

Nun, man sollte auch nicht so kurz vor Feierabend ein Warenhaus betreten. Die Mitarbeiter dort haben einen langen Tag hinter sich. Sie wollen pünktlich nach Hause. Aber trotz dieser Einsicht kommen Sie von dem Gedanken nicht los, daß man für die Renovation sehr viel Geld ausgegeben hat und doch am Kern der Sache vorbeiinvestierte. Später lesen Sie dann in einem Magazin, daß es um eben dieses Warenhaus gar nicht so gut bestellt sei.

Vielleicht ist das übertrieben, aber es zeigt klar, daß es im Verkauf auch heute noch auf zuverlässige, fähige und motivierte Mitarbeiter ankommt. Der Verkaufserfolg steigt und fällt mit den Mitarbeitern, und man kann sich gar nicht genug Mühe geben, wenn es darum geht, gute Mitarbeiter zu finden und aus guten Mitarbeitern noch bessere zu machen. Darum ist dieser Band den Mitarbeitern im Verkauf gewidmet. Im Kundenkontakt können gute Mitarbeiter zeigen, was sie wirklich können. Und daß sie es können, dafür kann man sorgen, muß sich selbst aber zuerst gut informieren, muß es selbst können, Vorbild sein und Mitarbeitertraining als notwendig ansehen.

Zürich und Hamburg, im Frühjahr 1987 *Heinz Schwalbe*
Ernst Zander

Inhaltsverzeichnis

Seite

Vorwort 5

1 Mitarbeiter im Verkauf 9
   1.1 Verkaufsberufe – Verkaufspraxis 12
   1.2 Das Idealbild des Verkaufsmitarbeiters 18

2 Verkaufsmitarbeiter suchen und finden 21
   2.1 Interne Suche nach Verkaufstalenten 22
   2.2 Externe Suche durch persönliche Kontakte 23
   2.3 Personalwerbung in Medien 24

3 Personalauswahl im Verkauf 27

4 Einstellungspraxis 32
   4.1 Verkäufer, Reisende, Handelsvertreter 35
   4.2 Einführung und Probezeit 37
      4.2.1 Gründliche Information 39
      4.2.2 Motivation 41
   4.3 Die klar umrissene Verkaufsaufgabe 42
   4.4 Außendienste qualifiziert führen 44
      4.4.1 Erfolg ist das Zusammenwirken aller Einzelmaßnahmen . . . 45
      4.4.2 Konfliktbewältigung 46
      4.4.3 Ursachen für Konflikte 47
      4.4.4 Prüfen Sie Ihre Fähigkeit, mit Konflikten umzugehen . . . 48
      4.4.5 Wie Sie Konflikte vermeiden 49

5 Die Führung von Verkaufsmitarbeitern 51
   5.1 Führungssysteme im Verkauf 53
   5.2 Führungsprinzipien 56
   5.3 Leistungskontrollen 65
   5.4 Leistungsbewertung 70
   5.5 Zusammenarbeitsbilanz 81

6 Entlohnung im Verkauf 107
   6.1 Starre oder dynamische Entlohnung 107

      6.1.1 Festgehalt und Fixum 108
      6.1.2 Leistungsorientierte Entlohnung 111
  6.2 Die Bedeutung von Sozialleistungen 114
  6.3 Die Rolle von Spesen und Aufwandsentschädigung 114

7 Förderung von Mitarbeitern 117

8 Mitarbeiterförderung durch Training und Weiterbildung 120
  8.1 Grundzüge des Verkaufstrainings 120
  8.2 Verkaufstrainingsarten 123
  8.3 Ökonomisierung des Verkaufstrainings 125

Literaturnachweis 131

Stichwortverzeichnis 135

1 Mitarbeiter im Verkauf

Jeder, der auf Verkaufsmitarbeiter angewiesen ist, sollte dieses »Angewiesensein« sehr ernst nehmen, sollte noch einmal darüber nachdenken, daß sowohl Gewinnmaximierung als auch Unternehmenssicherung eng mit *Verkaufserfolgen* verbunden sind. Darum darf es auch kein Marketingkonzept geben, das die Verkaufsmitarbeiter – mit all ihren Stärken und Schwächen – unberücksichtigt läßt. Man muß sich zudem darüber klar sein, daß sogar die *Einstellung* zu den Verkaufsmitarbeitern den Verkaufserfolg beeinträchtigen kann.

Haben Sie sich schon einmal Gedanken über Ihre Einstellung zu Verkaufsmitarbeitern gemacht? Wie sehen Sie diese Mitarbeiter? Was halten und erwarten Sie von ihnen? Was können diese Mitarbeiter von Ihnen erwarten und welchen Stellenwert haben Sie Verkaufsmitarbeitern bisher tatsächlich eingeräumt? **Prüfen Sie Ihre Einstellung zu Ihren Verkaufsmitarbeitern**

Es wäre grundsätzlich falsch, Verkaufsmitarbeiter einfach als Arbeitskräfte zu sehen, als ausführende Organe, weisungsgebunden und ihrem Arbeitsverhältnis total verpflichtet. Erinnern Sie sich doch einmal in diesem Zusammenhang an Situationen, die entstehen können, wenn Beamte »Dienst nach Vorschrift« machen. Das ist eine Art Streik-Ersatz, und dabei wird deutlich, daß man seiner Pflicht buchstabengetreu nachkommen kann, ohne dabei wirklich *effizient* zu sein.

Und noch eines sollten Sie berücksichtigen: »Aufgrund schneller Markt- und Umweltveränderungen einerseits und erhöhter Ansprüche und Erwartungen andererseits sind die Anforderungen an eine erfolgreiche Personalführung gestiegen.« (1)

Jetzt sollten Sie nicht in den Fehler verfallen und sich einreden, erhöhte Ansprüche und Erwartungen können bei Mitarbeitern nur während guter Konjunkturlagen aufkommen, wenn fähiges Personal knapp wird. Wie man das auch sieht, für gute Verkaufsmitarbeiter gilt das nicht, denn die braucht man besonders in Krisenzeiten. Oder ist es für Sie eine Kleinigkeit, fähige Verkaufsmitarbeiter zu finden? Das wäre eine Ausnahme, denn wirklich gute Verkaufsmitarbeiter befinden sich meistens auch in guten Positionen.

Was könnten Sie also grundsätzlich tun, um den Personalbestand im Verkaufsbereich zu verbessern? Nun, vor allem sollten Sie ganz klar definieren, *welche* Verkaufsmitarbeiter Sie wirklich brauchen, um die gesteckten Ziele erreichen zu können. Dann sollten Sie herauszufinden versuchen, über welche Fähigkeiten und Eigenschaften Ihre Verkaufsmitarbeiter verfügen müssen. Und dann sollten Sie Bilanz ziehen und möglichst objektiv feststellen, ob Sie über die notwendigen Verkaufsmitarbeiter verfügen oder nicht. Sind Sie mit Ihrem Mitarbeiterbestand vollkommen zufrieden, dann ergeben sich vielleicht erst dann Probleme, wenn ausscheidende Mitarbeiter ersetzt oder zur Erweiterung des Mitarbeiterstabes neue Verkaufskräfte eingestellt werden müssen. Erkennen Sie aber, daß Ihre Mitarbeiter den Aufgaben, die auf sie zukommen, wahrscheinlich nicht gewachsen sind, dann müssen Sie etwas unternehmen. Doch was können Sie in einer solchen Situation tun?

Haben Sie alles aus Ihren Verkaufsmitarbeitern gemacht, was Sie aus ihnen hätten machen können?

Mancher spielt in einer solchen Situation mit dem Gedanken, den gesamten Mitarbeiterstab zu entlassen und durch fähigere Verkaufsmitarbeiter zu ersetzen. Das kann fast immer als Utopie bezeichnet werden. Die Entlassung einzelner Mitarbeiter ist aber zuweilen *unumgänglich*. Doch auch dabei stellt sich bereits die Frage, ob man aus diesem Verkaufsmitarbeiter nicht hätte mehr machen können. Es kommt nämlich nicht nur darauf an, Verkaufsmitarbeiter zielgerichtet einzusetzen, sondern auch darauf, alle Mitarbeiter so zu fördern, daß sie sich im Sinne des Verkaufsziels weiterentwickeln.

Es kommt also nicht nur darauf an, die richtigen Mitarbeiter *auszuwählen* und diese Mitarbeiter dann ideell und materiell zu motivieren. Es kommt auch darauf an, Verkaufsmitarbeiter so zu *schulen*, daß sie ihren Aufgaben gewachsen sind. Das betrifft nicht nur die Vermittlung von Fachkenntnissen. Auch Verkaufstechnik allein bringt nicht den Optimalerfolg. Denn Verkaufserfolge sind meistens auch persönliche Erfolge, und deshalb kann man auf Persönlichkeitstraining nicht verzichten, wenn sich *alle* verkäuferischen Fähigkeiten voll entfalten sollen.

Denken Sie doch nur einmal an das im Verkauf so wichtige

Mitarbeiter im Verkauf

Einfühlungsvermögen. Fast jeder Verkäufer glaubt es zu haben, doch »die Beobachtungen zu diesem Feld zeigen aber an ganz deutlichen Symptomen, daß die Verkäufer ihre Aufgabe von sich aus in hohem Maße egozentrisch angehen und damit sich selbst die Tür zum Kundenbedürfnis versperren.« (2) Da muß nachgeholfen werden, und wer glaubt, das sei mit ein oder zwei Seminartagen zu erledigen, wird wohl enttäuscht.

Verkaufsstäbe bedürfen *kontinuierlicher* Pflege, denn das Verkaufen ist eine aktuelle Aufgabe, die sich jeden Tag neu stellen kann. Verkaufsroutine gibt es gar nicht so oft, wie allgemein angenommen wird, und ein Verkäufer, der sich als Routinier versteht, sollte einmal darüber nachsinnen, was er erreichen könnte, wenn er statt Routine *Aktualität* und *Originalität* einsetzte. Doch wer bringt den Verkäufer darauf? Wer macht es ihm klar? Die Verkaufsführung natürlich. Wenn es sein muß, auch mit externen Trainern.

Ständige Betreuung ist wichtig

Lohnt sich soviel Aufwand? Diese Frage sollten Sie sich schon stellen, und eigentlich können auch nur Sie allein die richtige Anwort darauf geben. Doch wenn Sie nach einer praxisgerechten Antwort suchen, sollten Sie nicht vergessen, daß der Verkauf auch heute noch weitgehend eine Sache von Mensch zu Mensch ist, trotz Supermarkt, Versandhaus und Automatenverkauf. Denn auch das, was an unpersönlich wirkenden Verkaufsstellen als verkaufswirksam erscheint, ist letzten Endes Menschenwerk. Und dies zeigt, daß nicht nur diejenigen, die Kundenkontakt pflegen, als Verkaufsmitarbeiter anzusehen sind, sondern *alle,* die in irgendeiner Form dazu beitragen, daß schneller, besser und mehr verkauft wird.

Der Verkauf läßt sich zwar rationalisieren, aber er läßt sich nicht in dem Maße automatisieren wie die Produktion. Der Computer, der einen Vollblutverkäufer ersetzen könnte, müßte erst noch erfunden werden. Auch daran sollte man sich erinnern, wenn man den Wert guter Verkaufsmitarbeiter bemessen will. Dann wird man schnell herausfinden, daß es sich lohnt, aus guten Verkäufern noch bessere zu machen.

1.1 Verkaufsberufe – Verkaufspraxis

Wer sich über Verkaufsberufe orientiert, wird feststellen, daß es solche Berufe gibt, die man erlernen kann, und andere, die zwar existieren, deren Funktion aber nicht allgemein festgeschrieben ist und deren Ausübung auch nicht von bestimmten Prüfungen abhängig gemacht wird. Man trifft sogar auf sehr phantasievolle Berufsbezeichnungen, die sich nicht immer sinnvoll einordnen lassen und es kommt auch vor, daß für ein und dieselbe Tätigkeit verschiedene Berufsbezeichnungen verwendet werden. Hier stellt sich für die Praxis die Frage nach der *Qualifikation*, vor allem nach der Überprüfbarkeit des tatsächlichen Berufskönnens.

Es kommt auf die unternehmensspezifische Leistung an

Ein Lehrabschlußzeugnis ist längst kein Nachweis über Effizienz im Beruf. Das Zeugnis eines früheren Arbeitgebers noch keine Garantie für Verkaufserfolge. Gewiß lassen sich aus Zeugnissen während der Rekrutierungsphase wertvolle Schlüsse ziehen. Auch Bescheinigungen über die Teilnahme an Fachkursen oder Urkunden über gewonnene Verkaufswettbewerbe können sehr nützlich sein. Meistens wird es aber eine Diskrepanz zwischen der vorher ausgeführten Tätigkeit und der neuen Position geben, obwohl es sich scheinbar um denselben Arbeitsbereich handelt. Die Aufgaben eines Verkaufsleiterassistenten können in verschiedenen Unternehmen grundverschieden sein. Die Kompetenz eines Chef-Vertreters kann in einem Unternehmen groß sein, während in einem anderen Unternehmen der Titel Chef-Vertreter mehr ehrenhalber vergeben wird, um langgediente Vertreter, die man gern im Außendienst behalten möchte, ideell zufriedenzustellen. Was ein Merchandiser in den verschiedensten Firmen macht, reicht manchmal ans Abenteuerliche, und die Arbeit eines Verkaufsförderers abzugrenzen, gelingt manchmal nicht einmal in einem einzigen Unternehmen, für die Praxis allgemeinverbindlich schon gar nicht, obwohl der »Bund Deutscher Verkaufsförderer und Verkaufstrainer« dazu ein Berufsbild herausgegeben hat. Denn dort kann man nachlesen: »Verkaufsförderer und Verkaufsförderer sind zweierlei. Dieser Eindruck entsteht, wenn man die Stellenangebote in den Zeitungen vergleicht.« (3)

Was muß man also in der Praxis tun, um einen Posten optimal zu besetzen und um auch auf lange Sicht die Gewähr für einen hohen Wirkungsgrad zu haben? Wenn Sie jetzt daran denken, daß es hier vor allem um bewährte Auswahlverfahren oder Einstellungstests geht, dann ist das etwas verfrüht. Zuerst geht es nämlich um den, der Mitarbeiter braucht und Mitarbeiter sucht.

Allzuoft weiß man nämlich gar nicht genau, welche Tätigkeiten die neuen Mitarbeiter ausführen sollen. Auch wenn man Ersatz für eine freigewordene Position sucht, macht man sich zu selten die Mühe, die Anforderungen an den neuen Mitarbeiter zu überdenken, festzulegen, und von dieser Plattform aus einen neuen Mitarbeiter zu suchen, der ganz genau dem entspricht, was die Position praktisch verlangt. Wer nicht ganz genau weiß und festgelegt hat, was seine Mitarbeiter erledigen müssen, darf sich nicht wundern, wenn manches unerledigt bleibt.

Es geht vor allem um die praktischen Anforderungen

Nehmen Sie an, Sie suchen einen Verkaufsleiter, dann nützt es wenig, wenn Ihnen das allgemeine Berufsbild des Verkaufsleiters bekannt ist. Maßgebend ist nämlich, was der Verkaufsleiter in Ihrem Unternehmen leisten muß, wie groß sein Aufgabenbereich ist, wie weit seine Kompetenzen reichen, wo die Schwerpunkte seiner Arbeit liegen und welche Zielsetzung er akzeptieren muß. Schablonenhaftes Vorgehen kann da nicht helfen. Es gibt allerdings Anhaltspunkte, die zu vernünftigen Lösungen führen können.

Als wichtige Hilfe kann die Stellenbeschreibung angesehen werden, die gleichzeitig der Verbesserung der Organisationsstruktur dienen kann. Falls Sie sich dazu entschließen möchten, sollten Sie daran denken, daß Stellenbeschreibungen nicht nur Vor-, sondern auch Nachteile haben.

Liegen noch keine Stellenbeschreibungen vor, also in allen Fällen, in denen Stellenbeschreibungen neu angefertigt werden müssen, kann die Qualität der Stellenbeschreibung schon durch den richtigen Gedankenansatz entschieden werden. Darum sollten Sie auch über grundlegende Fragen nachdenken wie die folgenden: »Soll der Verkaufsbereich vergrößert werden? Geht es um die Einführung neuer Produkte? Ist die

Kundenzahl so stark angestiegen, daß es die bisherigen Mitarbeiter nicht mehr schaffen, alle zufriedenstellend zu bedienen?« (4) Denn manchmal müssen bestimmte Pflichten neu verteilt werden, und das sollte sich dann auch in den neuen Stellenbeschreibungen niederschlagen, wenn sie wirklich praxisnah sein sollen und nicht nur ein Abklatsch irgendeiner Schematik.

Wer von Anfang an richtig liegt, kann damit rechnen, daß eine Stellenbeschreibung folgende Vorteile bringt:
– klare Kompetenzverteilung
– wenig Kompetenzstreitigkeiten
– Entscheidungserleichterung
– eindeutigere Weisungsbefugnisse
– bessere Koordination
– Ausbildungserleichterung
– effizientere Einarbeitung
– genauere Beurteilung

Überorganisation vermeiden

Natürlich gibt es auch Nachteile, und die müssen überall dort gesucht werden, wo auch die Gefahr der Bürokratisierung besteht, die dann die Kosten, die durch die Stellenbeschreibung anfallen, noch erhöht und zur Theoretisierung führen könnte. Selbstverständlich muß man auch daran denken, daß Stellenbeschreibungen und Anforderungsprofile nicht alles erfassen können, doch einiges kann man auch voraussetzen, wie etwa »Bereitschaft zu intensiver Arbeit, Fachkenntnisse, gewinnendes Auftreten, ansprechende Erscheinung, Begeisterung, Selbstdisziplin und Loyalität zu Unternehmen und Kunden.« (5) Ob das dann später auch wirklich da ist, kann man jedoch nicht sicher voraussehen, doch sollte man sich klar darüber sein, daß bei schwacher Führung manchmal nicht einmal mehr mit Selbstverständlichkeiten gerechnet werden kann. Auch deshalb sollte man von vorn herein *richtungsweisend* sein.

Als sehr praktisches Instrument kann vor allem das sogenannte »*Pflichtenheft*« angesehen werden. Das Wort mag manchem nicht gefallen, aber es ist ehrlich und läßt keinen Zweifel daran, daß es um klare Anweisungen geht.

Das folgende Beispiel wird Ihnen zeigen, daß es möglich ist, auch schwierig scheinende Positionen durch ein Pflichtenheft abzudecken. Stellen Sie sich bitte vor, ein kleinerer Produktionsbetrieb braucht einen Verkaufsleiter, von dem erwartet wird, daß er auch selbst auf die Reise geht und den Umsatz durch seine persönliche Reisetätigkeit steigern hilft. In diesem Falle könnten Sie das Pflichtenheft folgendermaßen gliedern:

1. Unternehmensziel

Pflichtenheft (Beispiel)

Stets bestrebt sein, im Sinne des bekanntgegebenen Unternehmensziels zu arbeiten und alle weiteren Aufgaben von diesem Ziel abzuleiten.

1.1 Umsatzziel
Durch Anlieferung relevanter Daten die Geschäftsleitung bei der Festsetzung des Umsatzziels unterstützen und sich voll dafür einsetzen, daß dieses Ziel erreicht wird.

1.2 Preispolitik
Die Preispolitik mit der Geschäftsleitung besprechen, wichtige Unterlagen für diese Besprechung bereitstellen und die einmal festgesetzte Preispolitik so lange konsequent vertreten, bis neue Richtlinien gegeben werden.

1.3 Verkaufspolitik
Bei der Beratung über die Verkaufspolitik mitwirken und die Verkaufspolitik den Kunden gegenüber vertreten.

2. Führungsziel

Den 4 Vertretern des Hauses vorstehen, sie unterstützen, trainieren, motivieren, kontrollieren. Maßgebend bei der Auswahl neuer Außendienstmitarbeiter mitwirken.

2.1 Festlegen der Verkaufsbezirke
Es geht vorwiegend darum, eine Neuorganisation des Verkaufsgebietes vorzunehmen und zwar mit dem Ziel, das gesamte Verkaufsgebiet zu erweitern.

2.2 Festlegen der Besuchsintervalle
Den neuen Gebieten entsprechend müssen Besuchsintervalle festgelegt werden, die sich aber nach Möglichkeit nicht sehr von der bisherigen Praxis unterscheiden sollen.

2.3 Reisematerial
Demonstrations- und Werbematerial, sowie die Kundenkartei der Vertreter sind laufend auf ihre Brauchbarkeit zu kontrollieren.

2.4 Kontrollen
Es ist ein neues, mitarbeiterfreundliches aber sicheres Kontrollsystem zu schaffen und einzusetzen.

2.5 Training und Motivation
Die Vertreter sind durch Trainings und Wettbewerbe zu motivieren. Im Rahmen eines jährlich festzusetzenden Budgets sind auch Fremdseminare zu besuchen. Ebenso sind vom Budget Preisgelder oder Sachpreise zu bestreiten.

3. Allgemeine Kundenpflege
In Absprache mit der Geschäftsleitung, die sich auch in die Kundenpflege einschaltet, sollen gute alte Kunden erhalten und neue gewonnen werden.

3.1 Beschaffung wichtiger Kundendaten
Hier sind vor allem Bedarfsdaten gemeint, aber auch persönliche Daten (z. B. Geburtstage wichtiger Kunden) und Entwicklungsdaten.

3.2 Persönliche Kundenpflege
Auch solche Kunden, die von den Vertretern bedient werden, periodisch ansprechen, Wünsche und Probleme ermitteln.

3.3 Reklamationen
Die Behandlung von Reklamationen wird als so wichtig erachtet, daß sie der Verkaufsleitung obliegt. Bei begründeten Reklamationen darf großzügig verfahren werden.

4. Persönliche Akquisition
Es geht vor allem darum, neue, große Kunden zu gewinnen. Es muß mit den Vertretern abgesprochen werden, welche Kunden der Verkaufsleiter selbst besucht. Ferner müssen solche Kunden besucht werden, bei deren Bearbeitung der Vertreter um Hilfe ersucht. Kunden, die bereits von Vertretern bearbeitet werden, dürfen nicht akquisitionsmäßig

besucht werden, es sei denn, der Vertreter verlangt das ausdrücklich.

5. Verschiedenes

Der Kontakt zur Produktion wird als wichtig angesehen. Vor allem sollte die Geschäftsleitung auch mit Daten versorgt werden, die den Markt und die Konkurrenz betreffen, so daß auch im Hinblick auf das Angebot stets marktkonform produziert werden kann.

Denken Sie bitte daran, daß dieses Beispiel nur Anregung sein kann. Es betrifft eine ganz bestimmte Konstellation. In Ihrem Unternehmen können die Dinge ganz anders liegen, und die tatsächlichen Gegebenheiten müssen für das von Ihnen zusammengestellte Pflichtenheft maßgebend sein. Wenn Sie aber den Anregungen, die von der Stellenbeschreibung, vom Anforderungsprofil und vom Pflichtenheft ausgehen, folgen, wird es nicht schwierig sein, ein maßgeschneidertes Pflichtenheft zusammenzustellen. Dadurch wird es Ihnen auch gelingen, die Lücke zwischen Theorie und Praxis zu schließen. Sie werden sich am Ende nicht mehr auf Berufsangaben verlassen müssen, werden nicht mehr einfach nach einem Beruf suchen, sondern Mitarbeiter einstellen, die *genau das können*, was in Ihrem Unternehmen in einer bestimmten Verkaufsposition verlangt wird. Das ist natürlich die Idealvorstellung, und um in der Praxis zu bleiben, darf nicht verschwiegen werden, daß man aus manchem Mitarbeiter *erst einmal das machen muß*, was notwendig ist, um eine Position auszufüllen. Dann kommt es eben darauf an, wenigstens die Anlagen richtig einzuschätzen, und oft hat es sich erwiesen, daß ein mit etwas Geduld herangebildeter Mitarbeiter in seinen Zukunftsleistungen denjenigen übertrifft, der schon bei der Einstellung perfekt schien.

Beispiele können nur Anregung sein

1.2 Das Idealbild des Verkaufsmitarbeiters

Der von Anfang an perfekte Mitarbeiter, das ist wohl das Wunschbild vieler, die für Verkaufserfolge verantwortlich sind, doch fast jeder weiß auch, daß kaum jemand perfekt ist. Trotzdem ist es sehr ratsam, sich einmal mit dem Wunschbild zu befassen, das den perfekten Verkäufer deutlich darstellt. Würde man Verkaufsexperten nach den Eigenschaften erfolgreicher Verkäufer fragen und die Antworten spontan notieren, dann könnte man schließlich zu folgender Aufzählung kommen:

»Gute Verkäufer sind loyal, zielstrebig und ausdauernd. Sie wollen erfolgreich sein und sind bereit, dafür etwas zu tun. Ihnen macht das Verkaufen Freude. Sie träumen nicht, sie handeln. Es gibt keine Verkaufssituation, die sie fürchten. Sie sind glaubwürdig, und sie lernen aus Triumphen ebenso wie aus Niederlagen und Fehlern. Freundlichkeit ist ihnen Bedürfnis, Vitalität ist selbstverständlich, Begeisterung Bestandteil ihres Wesens. Gute Verkäufer schätzen Kopfarbeit. Sie bilden sich weiter und profitieren von gebotenen Hilfen. Die Interessen ihrer Kunden sind ihnen vertraut. Sie kennen den Markt und die Wettbewerber. Die Suche nach neuen Ideen ist geradezu ihr Hobby. Dabei können sie aufmerksam zuhören, geschickt fragen und überzeugend antworten. Zu Übertreibungen neigen sie in keiner Weise. Sie argumentieren mit Tatsachen, fassen sich kurz und handeln ohne zu zögern. Sie erfassen schnell jede Situation und wirken nie überrascht. Wenn es um den Abschluß geht, sind sie nicht gehemmt. Sie wissen, daß sie dem Gesprächspartner viel zu bieten haben und sind nicht nur von ihrem Angebot, sondern auch von sich selbst überzeugt, ohne überheblich zu wirken. Ihnen ist klar, daß weniger der Augenblickserfolg zählt, als der Erfolg auf lange Sicht.« (6)

Wie sieht Ihr Bild vom idealen Verkäufer aus?

Wahrscheinlich könnten Sie, wenn Sie wollten, diese Aufzählung noch vervollständigen und damit zeigen, daß Sie genau wissen, worum es geht. Sie werden aber auch erkannt haben, daß sich Verkäufereigenschaften global nicht gut überblicken lassen. Darum wollen wir es noch einmal mit einem anderen Ansatz versuchen. Stellen Sie sich vor, Sie wollen die Bereiche

der Verkäuferpersönlichkeit, die den Verkaufserfolg positiv beeinflussen, ermitteln. Nach einigem Nachdenken könnten Sie auf vier wichtige Kriterien stoßen:
1. Positive Einstellung zum eigenen Ich.
2. Erkenntnis des eigenen Selbst.
3. Vernünftige Lebensform.
4. Fähigkeit, positive Atmosphäre zu schaffen.

Aus diesen vier Bereichen kann nun so ziemlich alles resultieren, was zum Idealbild gehört. Das leuchtet eher ein, wenn Sie sich vorstellen, was zu den einzelnen Kriterien gehört. Versuchen wir es mal mit einigen Denkanstößen.

Positive Einstellung zum eigenen Ich: Selbstvertrauen, keine Stimmungstiefs, keine Vorurteile, Ausschalten negativer Einflüsse, keine Probleme schaffen, aber Probleme lösen, anderen positiv entgegentreten usw.

Erkenntnis des eigenen Selbst: Wissen, wie man auf andere wirkt, Erkennen des eigenen Verhaltens in der Gruppe, Erkennen der eigenen Fehler, Stärken und Schwächen objektiv sehen, eigene Grenzen erkennen, äußeres Erscheinungsbild verbessern.

Vernünftige Lebensform: innere Ruhe und Gelassenheit finden, Fähigkeit besitzen, angestauten Streß abzubauen, nach täglicher Entspannung suchen, Hemmungsabbau betreiben, nach Angstbewältigung streben, Abwehrkräfte verbessern, eigene Beherrschung nicht verlieren, sich an Erfolgen freuen, Mißerfolge produktiv zu verarbeiten suchen.

Fähigkeit, positive Atmosphäre zu schaffen: Wohlwollen erzeugen, Zuwendung zu Gesprächspartnern mit echtem Interesse, zuhören können, Geduld haben, eigene Person zurückstellen können, freundlich sein.

Und jetzt denken Sie über Ihre *praktischen* Erfahrungen nach, da hat es doch auch manches gegeben, woran Sie ideale Verkäufer erkannt haben. Und wenn Sie ganz genau über gute Verkäufer nachdenken, die Sie länger kennen oder gekannt haben, dann werden Sie auch feststellen, daß mancher sich *verändert* hat, mit der Zeit gewachsen ist. Nicht jeder war vom Beginn an eine Verkäuferpersönlichkeit, und das Mär-

Denken Sie an Ihre praktischen Erfahrungen

chen vom geborenen Verkäufer werden Sie ganz bestimmt nicht glauben. Gewiß, es gibt Leute mit mehr und Leute mit weniger Verkaufstalent. Aber eines ist gewiß, auch wenig talentierte Verkäufer können große Verkaufstalente überflügeln, wenn diese faul, die weniger Talentierten aber fleißig sind, bereit, dazuzulernen und immer willens, etwas mehr zu tun, als man von ihnen erwartet. *Verkäufer werden nicht geboren, sondern gemacht.* Und zum guten Verkäufer gehört mehr, als ein Blitzstart, der erste Erfolge bringt. Denn danach fängt es ja erst richtig an. Danach heißt es, die Erkenntnisse aus den Anfangserfolgen umzusetzen und daraus neue Erfolge zu machen. Und das muß man manchem, der ein guter Verkäufer werden will, deutlich sagen, und zwar mehr als einmal.

Zuerst kommt es aber auch noch darauf an, Leute zu finden, die verkaufen *wollen*, und das scheint immer schwieriger zu werden.

2 Verkaufsmitarbeiter suchen und finden

Wer Mitarbeiter sucht, sollte vor allem darüber nachdenken, warum diese Mitarbeiter gesucht werden. Vielleicht führt das schon zu wichtigen Aufschlüssen und manchmal kann man dadurch sogar künftige Personalsuchen vermeiden und damit Kosten senken. Mitunter ist es nämlich gar nicht nötig, nach neuen Mitarbeitern zu suchen. Man hätte nur die bisherigen Mitarbeiter besser behandeln müssen oder besser trainieren, so daß sie den erwarteten Anforderungen nachgekommen wären. Vielleicht hätte man ein besseres Betriebsklima schaffen müssen oder Entlohnungssysteme mit mehr Anreiz. Vielleicht sollte man auch keine neuen Verkaufskräfte suchen, sondern geeignetere Vorgesetzte usw. All das sollte man gelegentlich überdenken, und besonders, wenn man neue Mitarbeiter suchen muß. Manchmal allerdings muß man neue Mitarbeiter auch aus ganz erfreulichen Gründen suchen. Dann z. B., wenn die Geschäfte so gut laufen, daß man vergrößern muß, dann auch, wenn die Verkaufsbereiche erweitert werden können oder wenn es darum geht, neue Märkte zu erschließen. **Mitarbeitersuche hat verschiedene Gründe**

Kurzum: *Personalsuche kostet Geld,* und darum sollte man daraus keine Routine machen. Es ist ja nicht nur das Geld, das in Personalanzeigen gesteckt werden muß, nicht nur die Arbeitszeit, die eingesetzt werden muß, um den richtigen Bewerber auszusuchen und einzuarbeiten. Man sollte auch an *Umsatzeinbußen* während der Einarbeitungszeit denken und auch nicht übersehen, daß mancher Verkaufsmitarbeiter, den man selbst vielleicht für nicht besonders fähig hält, bei einigen Kunden so beliebt ist, daß er sie »mitnimmt«, und das ist nicht nur peinlich, sondern auch kostspielig.

Nun, manchmal muß man aber einfach neue Mitarbeiter haben. Und dann muß man entscheiden, auf welchem Wege man sie suchen soll. Eines ist dabei aber gewiß: Mitarbeitersuche sollte immer mit Werbung verbunden sein. Sogar, wenn man den Neubedarf aus anderen Unternehmensbereichen decken will. Denken Sie stets daran, daß Sie etwas fordern, nämlich Einsatzbereitschaft, Loyalität und Verantwortungsübernahme. Dafür muß man werben, denn der Verkauf ist **Um gute Mitarbeiter muß man werben** zudem eine harte Arbeit, und mancher, der ein guter Verkäufer werden könnte, muß sich erst dazu entschließen, und zwar freudig.

2.1 Interne Suche nach Verkaufstalenten

Wer nach guten Verkaufsmitarbeitern sucht, sollte sich *zuerst einmal im eigenen Haus umschauen.* Es kommt tatsächlich vor, daß es Mitarbeiter gibt, die hinter dem Schreibtisch oder im Lager versauern, und die – wenn man ihnen nur die Chance gäbe – hervorragende Verkäufer werden könnten. Auch, wenn es um den Aufstieg innerhalb einer Verkaufsorganisation geht, sollten zuerst die eigenen Mitarbeiter unter die Lupe genommen werden. So etwas kann man auch systematisch betreiben.

Man sollte die Leistungsstärke des Personals kennen

»Der Personalchef eines großen Kaufhauskonzerns verfügte über ein System, das ihm erlaubte, jeden wichtigen Posten innerhalb des Konzerns mit dem zur Zeit besten Mann zu besetzen, den es für die Position gab. Hinter einer großen, aufklappbaren Weltkarte hatte er ein paar hundert Paßfotos angebracht. Ganz vorn diejenigen, die er aus den eigenen Reihen als Vorstandsmitglieder vorgeschlagen hätte, wenn er danach gefragt worden wäre. Danach diejenigen, die Spitzenpositionen im Ein- und Verkauf hätten einnehmen können, dann die Bezirksleiter, die Filialleiter, geordnet nach Filialgröße, die Abteilungsleiter und wichtige Mitarbeiter der Verwaltung. Die Reihenfolge stand nicht ein für allemal fest. Nach besonderen Kriterien wurden die einzelnen Paßfotos monatlich vor- oder zurückversetzt. Man konnte also in der Tabelle ab- und aufsteigen, ganz nach der eigenen – bekanntgewordenen – Leistung. Ein erfolgreiches System, das nicht nur den erfolgreichsten Mitarbeiter auf den jeweils höheren Platz brachte, sondern Erfolg auch belohnte.« (7)

Sie sollen das System nicht kopieren, denn es ist – wie die meisten Systeme dieser Art – fallspezifisch. Sie sollen sich nur anregen lassen, ähnliches zu versuchen. Es kann einfach sein, und manchmal genügen schon ein paar Eintragungen in ein Notizbuch.

Sie können auch *innerbetriebliche Informationsmittel* einsetzen, wenn es um die Suche nach Verkaufsmitarbeitern geht. Es ist doch erstaunlich, daß Personal- oder Werkzeitschriften nur ganz selten Stellenanzeigen enthalten, wenn es um Ausschreibungen im Betrieb geht. Das könnte man ändern. Auch das schwarze Brett kann helfen.

2.2 Externe Suche durch persönliche Kontakte

Wenn Sie z. B. Vertreter suchen, könnten Sie zuerst Ihre Mitarbeiter fragen, ob jemand im Bekanntenkreis einen Aspiranten entdecken könnte, der die nötige Eignung hat. Mitunter ist es sogar billiger, eine *Prämie* einzusetzen, als eine Reihe von Personalanzeigen zu bezahlen.

Wenn Sie sichergehen wollen, können Sie sich auch an einen Personalberater wenden. Es gibt sogar Berater, die sich auf den Verkauf spezialisiert haben. Aber Berater kosten Geld, denn Sie wissen ja: »Guter Rat ist teuer.« Eine alte Weisheit, die immer noch Bestand hat. Darum sollten Sie – und das gilt für jede Art von Beratung – dem Berater »klare Aufgaben stellen, präzise Einzelheiten über den Ablauf der Beratung vereinbaren, die Gesamtzeit der Beratung definieren, Kündigungsmöglichkeiten klar kennzeichnen, Garantien seitens des Beraters verlangen, Honorar und Spesen eindeutig bestimmen, einen schriftlichen Abschlußbericht vereinbaren.« (8) Bei der Personalsuche wäre es am besten, den Auftrag auf den speziellen Fall zu beschränken.

Vielleicht haben Sie aber ganz persönlich die besten Chancen, geeignete Verkaufsmitarbeiter zu finden, wenn Sie die Sache langfristig betrachten und sich ein wenig Mühe machen. Sie treffen doch immer wieder Leute, die Ihnen interessant erscheinen. Darunter gewiß auch solche, die das Zeug zu einem guten Verkäufer hätten. Gewiß, meistens haben die im Augenblick eine feste Position oder sie machen ganz etwas anderes. Aber das braucht ja nicht so zu bleiben. Und je nach dem, welchen Posten Sie zu bieten haben, sollten Ihre Aussichten, neue, gute Mitarbeiter zu finden, nicht schlecht sein. Also *merken Sie sich solche Leute.* Verwickeln Sie diejenigen, **Sie selbst können eine große Rolle bei der Personalsuche spielen** von denen Sie glauben, daß Sie einmal auf sie zurückgreifen könnten, in ein Gespräch. Stellen Sie Fragen, die Ihre Vermutung bestätigen könnten. Unauffällige Fragen natürlich. Sichern Sie sich die *Adresse.* Erwähnen Sie einen interessanten Artikel oder gar ein Buch. Versprechen Sie Zusendung. Dazu brauchen Sie die Adresse. Und so können Sie sich auch in Erinnerung bringen. Notieren Sie sich den Fall. Dafür sollten Sie sich eine spezielle Unterlage schaffen. Und wenn Sie im Bedarfsfalle an den Mann herantreten müssen, können Sie sich auf den vorangegangenen Kontakt berufen. Sie werden sich natürlich beim ersten Zusammentreffen von der besten Seite gezeigt haben, und somit ist auch schon ein gewisses *Vertrauensverhältnis* hergestellt, wenn Sie nicht übertrieben freundlich waren.

Auch im Verkauf ist Personalplanung wichtig

Sie sehen, Personalbeschaffung ist immer dann eine riskante Sache, wenn man von heute auf morgen Mitarbeiter braucht. Wer aber langfristig durch persönliche Kontakte ein Reservoir prospektiver Verkaufsmitarbeiter geschaffen hat, wird im Ernstfall nicht mit leeren Händen dastehen. Und wenn das nicht hilft, dann gibt es noch immer den Weg in die Medien.

2.3 Personalwerbung in Medien

Wenn es Ihnen um einen wirklich guten Rat geht, dann akzeptieren Sie bitte folgenden: »*Lesen Sie ab morgen einige Tage lang sehr aufmerksam die Stellenanzeigen,* die mit Verkaufsberufen zusammenhängen. Dann wissen Sie genau, wie heute der Stellenmarkt in diesem Bereich aussieht, dann wissen Sie, mit wem Sie konkurrieren und welche Argumentationsform Ihre Mitbewerber gewählt haben.«

Stellenanzeigen gehören zur Beschaffungswerbung, und sogar in Krisenzeiten – oder besonders dann – ist es von höchster Bedeutung, das Beste vom Stellenmarkt zu holen. Darum muß man sich mit Personalanzeigen Mühe machen, und das heißt, auch hier nicht erst beginnen, wenn Not am Mann ist. Vorsorgen, das ist auch hier die hilfreiche Parole. Und wie gehen Sie dabei vor?

Verkaufsmitarbeiter suchen und finden

Werten Sie Stellenanzeigen aus

Sammeln Sie beizeiten geschickte und Ihnen wirksam erscheinende Formulierungen. Formulierungen z. B., die das Unternehmen betreffen oder positionsbeschreibende Formulierungen. Dann können Sie auch Muster von Anforderungsprofilen notieren und auch Aufzählungen, die mit den geforderten Leistungen bekanntmachen. Das alles finden Sie in den täglich erscheinenden Stellenanzeigen. Sie brauchen die entsprechenden Wendungen nur herauszuschreiben. Nach Sachbereichen geordnet natürlich. Doch nun kommt das Wichtige: Sie sollen diese Notizen nicht machen, um sie später einfach zu übernehmen. Das wäre zwar einfach, aber Sie können es bestimmt noch besser. Alles, was Sie aufschreiben, ist für Sie doch nur Anregung. Sie finden dann bestimmt die Formulierung, die wirksamer ist. Sie sind doch inzwischen Experte, denn wer eine Weile Stellenanzeigen liest, wird oft denken: »Wenn ich zu inserieren hätte, würde ich es noch anders machen, für den von mir verfolgten Zweck besser.«

Bieten Sie keine phantastischen Positionen. Suchen Sie Verkäufer

Und nun eine weitere wichtige Hilfe, mit der Sie anderen den Rang ablaufen können. Wenn Sie Stellenanzeigen lesen, dann werden Sie gewiß gemerkt haben, daß manche Anzeigen, die auf Verkaufskräfte gerichtet sind, etwas an der Ehrlichkeit vorbeigehen. Da sucht man nach Repräsentanten, Beratern, Kundenbetreuern, und in Wirklichkeit meint man z. B. Vertreter. Ob man Angst hat, daß sich niemand meldet, weil es sich um einen harten Verkaufsjob handelt? Oder kommt man sich zu fein vor, weil man seine Produkte verkaufen muß? Machen Sie das nicht mit. *Sagen Sie ganz klar, daß Sie tüchtige Vertreter oder Verkäufer suchen.* Ehrlich währt am längsten, auch hier. Und wenn jemand, der mit verschwommenen Formulierungen oder Phantasienamen die gewünschten Bewerber einfängt, glaubt, damit sei alles erreicht, dann wird er oft feststellen, sich geirrt zu haben. Richtige Verkäufer, die zu Vollblutverkäufern werden können, findet man dann am besten, wenn man es nicht verschweigt.

Aber was sollte Ihre Anzeige neben der klaren Aufgabenstellung noch enthalten? Je nach Größe des Unternehmens könnten Sie auf folgendes zurückgreifen: Wirtschaftszweig, Branche, Firmenart – Produkte – Firmensitz, Ort des Stellenantritts – Bedeutung des Unternehmens, Größe, Tradition –

Betriebsklima, Führungsstil – Gründe für die Stellenausschreibung – Charakterisierung der ausgeschriebenen Stelle – Kompetenzen und Verantwortungsbereiche – Allgemeine Erwartungen an den Bewerber – Bevorzugte Eigenschaften – Alter – Schulbildung, Aus- und Weiterbildung – Fähigkeiten und Kenntnisse – Erfahrungen in gleichen Positionen – Bezahlung und zusätzliche Leistungen – Entwicklungsmöglichkeiten und die klare Aufforderung, sich zu bewerben.

Wenn Sie dann noch das richtige Medium wählen, können Sie schon bald damit beginnen, die Bewerbungen zu sichten.

3 Personalauswahl im Verkauf

Ist erst einmal eine hinreichende Zahl von Bewerbern ermittelt, so stellt sich als nächstes die Frage nach der bestmöglichen Eignung der Kandidaten. Der Begriff des guten Verkäufers hat je nach Branche durchaus unterschiedliche Facetten. Fachliches Wissen und Können sowie die eigene Einstellung zum Beruf sind für alle geltende Kriterien bei der Auswahl. Überqualifikation ist dabei nicht weniger risikoträchtig als erkennbare Mängel, die sich vermutlich auch durch Training nicht werden beseitigen lassen. Bedenken Sie dabei auch mögliche spätere Unzufriedenheit mit Status und Gehalt sowie bei absehbarer eigener Kündigung womöglich direkten oder indirekten Wechsel zu einem Wettbewerber. Es gibt somit gute Gründe, auf die richtige Auswahl Zeit und Sorgfalt zu verwenden.

Wie bereits erwähnt soll es in der Praxis gelegentlich vorkommen, daß in einem Unternehmen, das Mitarbeiter sucht, nur recht vage Vorstellungen über die von dem Bewerber zu erfüllende Aufgabe bestehen. Wenn dazu bei selbstkritischer Prüfung Unklarheiten sichtbar werden, dann hilft es, die künftigen Aufgaben der Position niederzuschreiben. Eine Liste mit Fragen, deren Beantwortung nach dem Gespräch mit dem Bewerber die gewünschte Klärung bringen sollte, skizziert die Bandbreite der Möglichkeiten. **Aufgabenstellung schriftlich fixieren**

Als sehr praktikabel hat sich in vielen Fällen diese über lange Jahre *bewährte konventionelle Methode* bewährt: »Vor einer Vorstellung werden zuerst einmal die eingegangenen Bewerbungsunterlagen gesichtet und analysiert. Notizen über Aufmachung, Sauberkeit, Vollständigkeit, übersichtliche Zusammenstellung, Satzbau, Rechtschreibung und Interpunktion sind erforderlich. Das Bewerbungsschreiben ist auf Vollständigkeit, Aufmachung und Anordnung zu überprüfen. Aus dem Stil des Bewerbungsschreibens läßt sich meistens entnehmen, welches geistige Format der Bewerber hat. Die Prüfung eines mitgeschickten Lichtbildes ist vor allem bei Außendienstpersonal interessant. Schließlich sind die Zeugnisse (Schulzeugnisse und Arbeitszeugnisse), Referenzen und der Lebenslauf zu beachten. Personalbogen und eine Zusammen- **Analyse der Unterlagen** stellung über die Bewerbungsunterlagen können bei der Analyse der Unterlagen helfen. (9)

Es ist keineswegs so, daß für Außendienstmitarbeiter *andere* Gesetzmäßigkeiten bei der Auswahl gelten. Das Verfahren, Verkaufsgenies zielgerichtet unter den Bewerbern zu erkennen, muß noch erfunden werden. Versuche indes gibt es schon. Wer sich bei einem amerikanischen Unternehmen als Verkäufer bewirbt, kann zu der Feststellung gelangen, daß es bei allen Fragen darauf ankam, Optimismus zu zeigen und so als positiv eingestellte Persönlichkeit erkannt zu werden. Weiter führen schon analytische Verfahren bei der Auswahl von Verkäufern, denn sie engen Zufälligkeiten ein und versuchen, auch die jeweilige Tagesform nicht überzubewerten.

Bewertungssystem

Im folgenden Beispiel ist ein Verkäufer von Pumpen (10) einzustellen, wobei – durchaus *praxisnah* – nach wünschenswerten und unabdingbaren Voraussetzungen gegliedert wurde. Punktzahlen für die Bewertung ergeben sich, indem Notenwert und Gewichtungsfaktor multipliziert werden. Der Bewerber, der in der Summe die höchste Punktzahl erhält, müßte am besten geeignet sein.

Wenn das Bewertungssystem betriebs- und positionsspezifisch ausgelegt ist, lassen sich spezielle Anforderungen deutlicher berücksichtigen. In jedem Fall sollte aber ein solches Einstellungsraster folgende Merkmale enthalten:
– Ausbildung
– Berufserfahrung
– Auftreten
– Zielstrebigkeit
– Wille zum Weiterkommen (ego-drive)
– Intellektuelle Leistungsfähigkeit
– Auffassungsgabe
– Sprachlicher Ausdruck
– Eignung für die zu besetzende Position.

Der Beurteilungsbogen in dem hier angedeuteten Beispiel sah folgendermaßen aus:

Personalauswahl im Verkauf

		Erfüllungsgrad der Bewerber					
Muß-Anforderungen		Bewerber A			Bewerber B	Bewerber C	
1. techn. Verständnis		vorhanden			vorhanden	groß	
2. Gehaltsforderung – max. 2 500 DM Fixum		2 000 DM			3 000 DM	2 200 DM	
3. Gesund und belastbar		ja				ja	
4. Einfühlungsvermögen		groß				groß	
5. Korrektes Auftreten		ja				ja	
6. Führerschein		vorhanden				vorhanden	
Wunsch-Anforderungen	Gew.		WZ	GW·WZ		WZ	GW·WZ
1. kfm. Ausbildung	10	kfm. Lehre	10	100	Bewerber kommt nicht in Frage, da Muß-Forderungen nicht erfüllt.	kfm. Erfahrung	5	50
2. Erfahrung im Außendienst	8	keine Erfahrung	–	–		lange Erfahrung	10	80
3. Begeisterungsfähigkeit	8	groß	10	80		mittel	6	48
4. Kontaktfreudigkeit	7	durchschnittlich	5	35		hohes Maß	10	70
5. Geordnete Familienverhältnisse	6	geordnet	8	48		gering	4	24
6. überzeugende Gesprächsführung	5	normal	5	25		überzeugend	9	45
7. gute äußere Erscheinung	4	durchschn.	6	24		sehr gut	10	40
8. Alter zwischen 25–40 Jahren	4	24 Jahre	9	36		38 Jahre	10	40
9. gute Zeugnisse	4	vorhanden	10	40		gering	4	16
10. Spez. Kenntnisse über Pumpen	3	keine	0	–		zum Teil	5	15
11. Kenntnisse der Branche	3	keine	0	–		ja	10	30
Gesamtbewertung				388				458

Abb. 1 *Beurteilungsbogen*

Beurteilungsbögen sind auch deshalb von Bedeutung, weil nach § 99 des Betriebsverfassungsgesetzes der Betriebsrat ein Zustimmungsrecht hat. Auch die Arbeitnehmervertreter können sich anhand eines Bewertungsbogens eine umfassendere Übersicht verschaffen, die möglicherweise erübrigt, die Gesamtheit der Bewerbungsunterlagen einzusehen.

Eine außerordentlich wichtige, oft entscheidende Phase bei der Bewerberauswahl ist das *Einstellungsgespräch*. Die Bewerbungsunterlagen vor dem Gespräch zu analysieren, sollte selbstverständlich sein. Während des Gesprächs sollten sich nicht nur die Angaben in den Bewerbungsunterlagen bestätigen, sondern vor allen Dingen muß die Unterredung neue zusätzliche Informationen schaffen. Zugleich muß aber auch der Bewerber über das Unternehmen, in das er eintreten möchte, informiert werden und das Wesentliche über Gehalt und Sozialleistungen erfahren. Dabei sollte heiklen Themen nicht ausgewichen werden, denn es geht auch darum, möglichst bald ein Vertrauensverhältnis aufzubauen. Gerade von Verkäufern, die mit ihrer Aktivität den Verkaufserfolg beeinflussen, ist es wichtig, möglichst Verläßliches über Einstellung und Ziele des Bewerbers zu erfahren

Vertrauensverhältnis aufbauen

Die Erwartungen des künftigen Mitarbeiters sollten in der Bewerbungsphase auf gar keinen Fall zu hoch geschraubt werden. Ein solcher Fehler wird gelegentlich schon im Text der Stellenanzeige gemacht. Wer sich um eine anspruchsvoll als »Repräsentant« bezeichnete Position bewirbt, könnte irritiert sein, wenn sich herausstellt, daß immer nur schwer erreichbare Umsatzziele vorgegeben werden. Wird ein neuer Verkäufer besonders eilig gebraucht und muß er sich vielleicht schnell entschließen, ein bestehendes Anstellungsverhältnis zu lösen, kann die Versuchung groß sein, das künftige Unternehmen in zu rosigen Farben darzustellen. Ein Bild, das im grauen Arbeitsalltag vielleicht schon nach wenigen Tagen arg verblaßt.

Auch die Chancen, Geld zu verdienen, die an Beispielen von Assen unter den Provisionsvertretern, die längst über einen ertragreichen Kundenstamm verfügen, geschildert wurden, verlieren schnell ihre eindrucksvolle Wirkung, wenn der neue

Personalauswahl im Verkauf

Mitarbeiter in der neuen Aufgabe nicht vergleichbar zurechtkommt. Wenn er merkt, daß es nicht selbstverständlich ist, übernommene Kunden genausogut zu bedienen wie sein Vorgänger. Von der Schwierigkeit, möglichst viele neue und solvente Kunden zu gewinnen, gar nicht zu reden.

Es lohnt sich für alle Beteiligten, klar zu sagen, was dem neuen Mitarbeiter geboten und was von ihm erwartet wird. Daß er keine schlechteren Chancen bekommt als andere Mitarbeiter, sollte selbstverständlich sein. Langjährige Mitarbeiter sollen *keine Privilegien* gegenüber den neuen haben, allenfalls wenn sie Führungsfunktionen ausüben, die aber nicht nur Rechte, sondern auch Pflichten einschließen.

4 Einstellungspraxis

Einstellungs-gespräche vorbereiten

Im Betriebsalltag geschieht es leider viel zu häufig, daß Einstellungsgespräche aufgrund unzureichender Vorbereitung unbefriedigend verlaufen. Dabei werden gerade in einer solchen frühen Begegnung künftiger Arbeitsvertragspartner wichtige Entscheidungen gefällt. Zumindest wird sich klären, ob der Bewerber in die engere Wahl kommt.

Welche Fragen sollten im Vorstellungsgespräch geklärt werden?
- Schriftliche Bewerbungsunterlagen sind ein wichtiger, aber nicht der einzig entscheidende Bestandteil der Unterlagen. Es gilt deshalb herauszufinden, in welchem Umfang Bewerbungsunterlagen und persönlicher Eindruck übereinstimmen, immer bezogen auf die zu besetzende Position.
- Bis zu diesem Gespräch sind nur die schriftlich in der Anzeige bzw. dem Bewerbungsschreiben offenbarten Fakten beiden Seiten bekannt. Im persönlichen Gespräch müssen die zwangsläufig offenen Fragen geklärt werden. Den Arbeitgeber wird Näheres über Anlaß und Ziel des Bewerbers interessieren, und derjenige, der sich verändern möchte, hat mit Sicherheit eine Menge über sein womöglich künftiges Unternehmen im allgemeinen und die für ihn in Frage kommende Position im besonderen zu fragen.

Das erste Gespräch schließt häufig mit der direkten oder indirekten Bekundung einer oder beider Seiten, daß Interesse an einem Vertragsabschluß bestünde oder daß man um Bedenkzeit bäte.

Was ist für Vorbereitung und Ablauf des Vorstellungsgesprächs zu berücksichtigen?

Mitarbeiter, denen der Bewerber – von der *Anmeldung* bis zum *Vorzimmer* – begegnet, sollten über seinen Besuch unterrichtet sein und ihn dementsprechend *freundlich* empfangen. Das gilt darüber hinaus für alle, denen der Bewerber sonst noch begegnen wird. Wenn mehrere Kandidaten sich am gleichen Tag vorstellen, sollten Zeit und Ort so vereinbart werden, daß die beiden Bewerber keinesfalls einander begegnen. – Ebenso sollte dem Kandidaten längeres Warten und die vielleicht beim Gespräch mit mehreren Partnern des ausschreibenden Unternehmens sich wiederholenden, gleichlautenden Fragen erspart bleiben. Auch Fragen, die sich aus den Bewerbungsunterlagen eindeutig als Tatsachen beantworten, sollten nicht gestellt werden.

Das Umfeld, unter denen das Gespräch abläuft, sollte außer selbstverständlicher Ungestörtheit gleichartige räumliche Bedingungen bieten. Unterschiedliche Sitzhöhen stören dabei ebenso wie zu große räumliche Distanz, etwa in Form eines riesigen Tisches. Eine »Übermacht« in Gestalt vieler gleichzeitig anwesender Interviewer ist weder fair noch sonderlich hilfreich. **Umfeldatmosphäre beachten**

Eine manchmal unterschätzte Bedeutung hat die zur Verfügung stehende Zeit für das Gespräch. Es ist nicht nur entgegenkommend sondern auch fair, dem Bewerber die für das Gespräch zur Verfügung stehende Zeit vorab zu nennen. Es nützt beiden Seiten, wenn sie innerhalb des Gesprächs für ihre Fragen und Informationen etwa je die Hälfte zur Verfügung haben.

Das Recht, sich Aufzeichnungen zu machen, sollten *beide* Seiten einander ohne Argwohn zugestehen, ohne indes durch ein Übermaß an Notizen das Gespräch immer wieder ins Stocken zu bringen.

Eine Checkliste als Hilfsmittel kann nützlich sein, um alle wesentlichen Fragen auch ins Gespräch zu bringen und zu klären. Sie sollte aber nicht zu eng strukturiert sein, um das Gespräch nicht in zu starre Bahnen zu lenken. Eine solche Checkliste könnte in der folgenden Weise angelegt sein: **Checkliste: Bewerberbeurteilung**

1) *Erscheinungsbild:*
   Körperstatur, Frisur, Bart/Brille, Kleidung, Besonderheiten
2) *Auftreten:*
   Natürlich, gewinnend, selbstbewußt, gekünstelt, zurückhaltend, zögernd, Gestik, sonstiges
3) *Umgangsformen:*
   Sicher, unsicher, höflich, unhöflich

4) *Erster Eindruck:*
   Sympathisch? Unsympathisch? Als Mitarbeiter für uns gut vorzustellen?
5) *Sprachliche Gewandtheit:*
   Kann sich gut und treffend ausdrücken. Guter Wortschatz, flexibel in der Einstellung auf Gesprächspartner
6) *Einfühlungsvermögen:*
   Wie hoch ist die soziale Intelligenz, sich auf bestimmte vorgegebene Situationen einzustellen?
7) *Kontaktfähigkeit:*
   Wird er Kontakte zu Gesprächspartnern herstellen und vertiefen können?
8) *Verhandlungsgeschick:*
   Wie vertritt er seine Interessen im Gespräch? Geschickt, forsch, abwartend, ungeschickt
9) *Auffassungsvermögen:*
   Wie reagiert er auf Fragen? Schnell und sicher, geschickt/ungeschickt, ausweichend, ungeschickt
10) *Persönlichkeit:*
    Wird er sich bei seinen Kunden und intern in angemessener Weise behaupten?
11) *Stehvermögen:*
    Wie wird er sich drinnen und draußen behaupten können?
12) *Humor:*
    Kann er über sich – andere – lachen? Ist er ein »trockener« Typ?
13) *Teamfähigkeit:*
    Inwieweit wirkt er fähig und bereit zu produktiver Zusammenarbeit mit anderen?

Entscheidungen treffen

Natürlich wird kaum jemand in der Lage sein, aufgrund eines ersten persönlichen Gesprächs Fragen wie diese verläßlich zu beantworten. Doch bei allem bekannten Risiko, das dem ersten Eindruck anhaftet, sollten Sie den Mut haben, aufgrund des Gesprächs und der Kenntnis vorliegender Bewerbungsunterlagen, Prognosen zu stellen. Stellung werden Sie ohnehin beziehen müssen. Zudem wird es Ihnen helfen, wenn Sie Ihre Eindrücke und Erwartungen, die sich aufgrund des Gesprächs einstellen, schriftlich fixieren. Einen tiefergehenden Eindruck vermittelt die schon genannte Arbeit von Knebel.

Einstellungspraxis

4.1 Verkäufer, Reisende, Handelsvertreter

Die Formen, in denen Unternehmen ihre Außendienste organisieren, sind vielfältig. Jedes wird seine guten Gründe haben, sich für diese, jene oder dazwischenliegende Mischformen zu entscheiden. Eine Beurteilung ist nur im Zusammenhang der jeweiligen Unternehmensziele, den spezifischen Absatz- und Beschaffungsmärkten und der Abwägung von Chance und Risiko entsprechend möglich. Eine neutrale Bewertungsskala ist guten Gewissens nicht aufzustellen. Für ein Unternehmen kann es wichtiger sein, durch sehr direkte Führung eigener Außendienstmitarbeiter an die Kunden heranzugehen. Für andere hat die größere Marktübersicht des Handelsvertreters größeres Gewicht.

Zu den Kriterien, die zu berücksichtigen sind, zählen:
- Produktkenntnisse und Fachwissen
- Markt- und Gebietskenntnisse
- Qualität und Intensität der Kundenberatung
- Eigeninitiative und unternehmerisches Denken
- Kontakt zu den Abnehmern
- Möglichkeiten der Steuerung und ihre Kontrolle
- Informationsaustausch
- Absatzrisiko und Unternehmensimage
- Können Zusatzaufgaben erledigt werden? (Verkaufsförderung, Regalpflege, Auslieferungslager und ähnliches.)

Kriterien für die Außendienstorganisation

Neben den genannten qualitativen Kriterien spielen auch quantitative eine Rolle, die sich im wesentlichen konzentrieren auf:

- **Leistung**
  Sie ist an Umsatz, Deckungsbeitrag, Besuchszahl, Distributionsleistung und nicht zuletzt Zahl der Aufträge abzulesen. Hinzu mögen branchenspezifisch weitere Leistungskennziffern kommen.

- **Kosten**
  Handelsvertreter und Reisende können *im Grundsatz* mit gleichen Verkaufsaufgaben betraut werden. Für Handelsvertreter spricht im allgemeinen ihre Nähe zum Markt, ihr Sortiment, das sie vertreten, und ihr Kundenstamm und

auch ihre *Flexibilität* in der Kostengestaltung. Das gilt gewiß unterschiedlich für die jeweilige Branche und spielt in der Gewichtung für jedes Unternehmen eine individuelle Rolle. Für den angestellten Außendienstmitarbeiter sprechen bei beratungsbedürftigen Produkten die meist tieferen Produktkenntnisse, die größere Gebundenheit an Weisungen und die damit bessere Möglichkeit, ihn zu *führen* und zu *kontrollieren*. Der zu erwartende stärkere Informationsfluß wird häufig durch unternehmerisches Handeln des Handelsvertreters ausgeglichen.

An Verhältnis Umsatz : Kosten denken

Zu bedenken ist jedoch, daß nicht jede Außendienstleistung immer unmittelbar Umsatz erbringt, in jedem Fall aber Kosten verursacht. Insoweit können im Umsatzvergleich Handelsvertreter und Reisende sehr unterschiedliche Kosten bringen. Preise und Provisionssätze sind jedoch nicht konstant, sondern können durchaus differenziert eingesetzt werden. Und bei der Betrachtung der Kosten sollten nicht nur die momentan angefallenen, sondern insbesondere auch die Kostenverläufe berücksichtigt werden.

Es kommt also darauf an, alle Elemente der Kosten-/Nutzen-Betrachtung, Anforderungsprofile des Außendienstes und Leistungskriterien unternehmensspezifisch zu untersuchen, zu bewerten und bei der Entscheidung zu berücksichtigen. Dabei sollte besondere Aufmerksamkeit der Beurteilung *qualitativer* Marktmerkmale gelten, denn die anspruchsvolle Betreuung und Beratung von Kunden kann – muß aber nicht zwangsläufig – durch enge und dauerhafte Geschäftsbeziehungen honoriert werden. Eine ausführliche Checkliste mit weit über 100 Prüffragen haben Koinecke und Wilkes entwickelt. (11)

Bei einem Vergleich von Kosten und Nutzen sind alle Kosten zu erfassen, die in den gegenwärtigen Verkaufsbezirken anfallen, um Verkaufsaktivitäten zu ermöglichen und die Außendienstfunktion schlechthin sicherzustellen. Die so zu erwartenden Kosten werden beispielsweise über einen Zeitraum von fünf Jahren denen einer alternativen Form der Absatzorganisation gegenübergestellt. So wäre zum Beispiel zu vergleichen, was ein Unternehmen, das mit festangestellten Reisenden arbeitet, an Handelsvertreterkapazität haben müßte, um

Einstellungspraxis 37

mindestens gleiche Umsätze zu erzielen. Dabei spielt natürlich eine Rolle, wieweit in dieser oder jener Hinsicht überhaupt Alternativen möglich sind, weil die Außendienstmitarbeiter u. U. Qualifikationen aufweisen müssen, über die freie Handelsvertreter im allgemeinen nicht verfügen.

Es ist also, wie bereits eingangs erwähnt, eine Frage der unternehmensspezifischen Bedarfslage, die über die jeweilige Form des Außendienstes entscheidet.

4.2 Einführung und Probezeit

In den meisten Unternehmen werden die Mittel für Anzeigen, in denen neue Mitarbeiter gesucht werden, angemessen bereitgestellt. Ist der gesuchte Mitarbeiter gefunden und eingestellt, wurde scheinbar das Wesentliche getan, um die eigene Außendienstmannschaft zu stärken oder aufzufüllen. Die Einführung des Neuen unter bestmöglichen Bedingungen und Voraussetzungen ist keine Selbstverständlichkeit. Dabei werden Fehler und Versäumnisse in ihrer Auswirkung oft unterschätzt. Sei es auch nur, daß der neue Mitarbeiter später als möglich seine volle Leistungsfähigkeit entfalten kann. Anders als im Innenbereich, wo Hilfe oder Unterstützung durch Kollegen und Vorgesetzte meist schnell zu aktivieren sind, bleibt der Vertreter draußen allein auf sich gestellt.

Der Start beeinflußt in der Folge die Leistung

Die Wirklichkeit bewegt sich zwischen den beiden folgenden Extremen: Dem Neuen werden nach wenigen Tagen die üblichen Arbeitsunterlagen einschließlich Preislisten und Bestellformularen in die Hand gedrückt. Ausgestattet mit guten Wünschen seiner Verkaufsleitung und der Ermunterung, doch nun mal zu zeigen, was er könne, wird er auf die Kundschaft losgelassen. Das andere Extrem gibt es häufiger. Wohlmeinend wird eine hinreichend lange, oft zu ausgedehnte Einführungszeit geplant. Es fehlt jedoch in diesem oft zu langen Zeitraum eine effiziente Betreuung des Neulings. Sich selbst überlassen, braucht man ihn offenbar doch nicht so dringend. Die bald aufkommende Langeweile frustriert ihn, und schließlich sind Motivation, Neugier und Spannung

Keine zu langen Einarbeitungszeiten

nahe dem Nullpunkt, als er dem ersten Kunden gegenübersteht. Viel Zeit, Engagement und letztlich Geld sind unnötig vertan.

Welche Eindrücke prägen sich denn dem Neuankömmling ein? – Bereits vom *ersten Moment* seines ersten Arbeitstages an wird er sich ein Bild machen. Meist ist es für ihn ein wichtiger Abschnitt in seinem Berufsleben. Wir sollten ihm auch grundsätzlich unterstellen, daß er aufnahmebereit und in der Absicht kommt, sich nach besten Kräften einzusetzen. Von dem, was ihn erwartet, wird ihm immer ein Teil fremd sein. Allein schon Menschen und Räumlichkeiten, wenn nicht auch gleichzeitig Produkt, Organisation und Kundenkreis sind neu für ihn. Er wird sich – zu Recht oder Unrecht – besonders aufmerksam beobachtet fühlen. Es sind alles Belastungsfaktoren, die er, wenn auch vielleicht nach außen hin nicht erkennbar, verarbeiten muß.

Patenschaften helfen

Sein neuer Vorgesetzter sollte ihn deshalb unbedingt *persönlich* begrüßen, und das möglichst ohne lange Wartezeit. Es ist wichtig, daß der neue Außendienstmitarbeiter den Eindruck bekommt, erwartet zu werden und willkommen zu sein. Es darf nicht dem Zufall überlassen bleiben, wer ihn vorstellt, über das Erforderliche informiert und ihm bei den Formalitäten helfen kann. Ein Ziel, das sich gut erreichen läßt, wenn ihm ein »Pate« zugeordnet wird, an den er sich während der Einführungszeit ohne Bedenken in allen Fragen wenden kann. Selbstverständlich sollte sein, daß sein Arbeitsplatz, wie immer er auch nach Aufgabe und Branche aussehen mag, zur Verfügung steht und Einführungsunterlagen ausgehändigt worden sind. Nicht nur weil es den Grundsätzen sinnvoller Information von Mitarbeitern entspricht, sollte der neue Vertreter keineswegs nur sein Angebot kennen. Er sollte vielmehr einen *Überblick* über das Unternehmen bekommen, für das er nun arbeitet. Er sollte eine Vorstellung davon haben, wie das Produkt hergestellt wird, zum Kunden gelangt und wie mit ihnen abgerechnet wird. Ein detaillierter Durchlaufplan der Stationen, die er in diesem Einweisungsprogramm absolviert, sollte unbedingt festgelegt werden. Selbstverständlich, daß diese Stellen rechtzeitig in diese Planung einbezogen werden müssen.

Ein großes Unternehmen der Genußmittelbranche hat für neu eingetretene Mitarbeiter, ohne spezielle Berücksichtigung des Außendienstlers, dafür einen halben Tag vorgesehen. Nach diesem standardisierten Informationsprogramm mit Film- oder Videovorführung, einem Vortrag, schriftlichem Informationsmaterial, einem Rundgang durch wesentliche Betriebseinheiten ist die Möglichkeit zur Diskussion mit einem Leitenden Mitarbeiter vorgesehen. Nach den drei bis vier Stunden dieser Veranstaltung sollte er mehr wissen über die Struktur und Organisation des Unternehmens, die Produktpalette und ein wenig von der Geschichte seines neuen Unternehmens.

Die Probezeit bietet für beide Teile Gelegenheit zur Prüfung. Daß der mit der neuen Aufgabe hoffnungslos unzufriedene Mitarbeiter ausscheiden will, sei hier einmal unterstellt. Wichtig scheint dagegen, daran zu erinnern, daß es oft am Einblick in Leistung und Persönlichkeit des Neuen mangelt, oft aber auch an der für ein Trennungsgespräch notwendigen Zivilcourage des Vorgesetzten. Vermutlich kennt jeder Beispiele, in denen versäumt wurde, sich rechtzeitig vor Ablauf der Probezeit in einer Beurteilung zu entschließen und gegebenenfalls notwendige Konsequenzen zu ziehen. Es gibt Unternehmen, die dem vorbeugen wollen, indem sie rechtzeitig vor Ablauf der Probezeit vom Vorgesetzten des neuen Mitarbeiters in einem standardisierten Beurteilungsbogen eine klare Entscheidung abfordern.

4.2.1 Gründliche Information

Wenn Unternehmen Richtlinien für Führung und Zusammenarbeit für sich aufstellen, veranlassen sie gute Gründe dazu, Kommunikation als einen wichtigen Schwerpunkt zu sehen. Da Erfolg auf Dauer nur durch zielgerichtetes Handeln erreichbar ist und jeder dazu möglichst selbständig arbeiten, entscheiden, aber auch Verantwortung tragen soll, ist rechtzeitige und ausreichende Information dafür eine entscheidende Voraussetzung. Information sollte über das hinausgehen, was zur Erfüllung der Aufgaben unbedingt erforderlich ist. Das Wissen um betriebliche Zusammenhänge macht den Mitarbeitern die Bedeutung ihrer Arbeit für das Unterneh-

Gut informieren

men sichtbar. Allerdings kann nicht jeder über alles informiert werden. Eine *steigende Informationsflut* macht das unmöglich und bei aller Offenheit geht es ohne die Wahrung bestimmter Vertraulichkeiten nicht.

Der Anteil, den Führungskräfte für Kommunikation aufwenden, ist hoch. In den Mitarbeitergesprächen geht es um Organisationsfragen, Anerkennung, Kritik und vieles mehr. Die Balance zwischen zuviel Information und zuwenig zu finden, ist gewiß nicht einfach und schon gar nicht mit einem Patentrezept zu lösen. Im Außendienst erfordert die Art der Aufgabe einerseits engen Informationsaustausch zwischen Verkaufsleiter und Außendienstmitarbeiter. Andererseits verbietet die räumlich oft große Entfernung eine sehr häufige persönliche Begegnung. Andere Medien müssen dann als Hilfe genutzt werden. Wieweit das Telefon, vor allem aus Kostengründen, immer das optimale Hilfsmittel ist, hängt von den räumlichen Gegebenheiten ab. Wo es sich als zu teuer erweisen sollte, haben gut überlegte Standardisierungen von *Kurzbriefen* manches, wenn auch nicht alles, übernehmen können.

Es ist wichtig, gerade bei der Kommunikation zwischen unterschiedlichen Hierarchien das Selbstwertgefühl des Gesprächspartners zu respektieren. Jede Verletzung kann als Kränkung empfunden werden. Daß dann die sachliche Kommunikation in den Hintergrund tritt, ist nur eine der dadurch ausgelösten negativen Effekte. Dem Gekränkten kommt es dann vorrangig darauf an, sein Selbstwertgefühl wiederherzustellen. Zum sachlichen Gespräch zurückzufinden, kann dann schwierig werden.

Persönlichkeit und Gefühlslage berücksichtigen

Gute Kommunikation setzt gleiche Fähigkeiten und Bereitschaft bei »Sender« wie »Empfänger« voraus, verstanden zu werden und zu verstehen. Nur wenn wirklich vollständig erfaßt wird, was die Gesprächspartner meinen, kann man von Kommunikation sprechen. Leider zu häufig wird nur ein bestimmter Ausschnitt wahrgenommen. Oft liegt es an der Informationsfülle, die zu groß ist, um aufgrund eigener selektiver Wahrnehmung mehr als einen Ausschnitt zu erfassen. Gar nicht zu reden davon, daß eigene Persönlichkeit und

Gefühlslage das, was wir wahrnehmen, wesentlich mitbestimmen. Die präzise *Formulierung des Problems* oder im Bedarfsfall auch seine neue können ein entscheidender Schritt zur Lösung sein.

Zunehmende Spezialisierung kann zu einer weiteren Erschwernis in der Kommunikation führen. Jeder Spezialist arbeitet in seinem Bereich, spricht eine eigene Sprache und hat ganz spezielle Vorstellungen und Wahrnehmungen. Der für die Kommunikation notwendige gemeinsame Nenner wird immer kleiner. Die Mißverständnisse häufen sich und zunehmendes Bereichs- und Abteilungsdenken folgen.

Sympathie und Antipathie spielen – und sei es unbewußt – auch bei der Kommunikation eine Rolle. Stehen Führungsaufgabe und Sympathie zueinander in hohem Spannungsverhältnis, wird das der Kommunikation in den meisten Fällen nicht guttun. Die mit Führungsaufgaben verbundene *Macht* über andere Menschen kann mitmenschliches Gefühl zurückdrängen und überlagern. Sich dessen bewußt zu werden, ist eine wichtige Komponente für erfolgreiche Führung und Zusammenarbeit. **Den Machtfaktor berücksichtigen**

4.2.2 Motivation

In ihrer Untersuchung kommen die Harvard-Professoren Doyle und Shapiro zu dem Ergebnis, daß die wichtigsten Pfeiler der Motivation im Außendienst die folgenden sind:
– die Aufgabenteilung
– Persönlichkeit und Leistungsbedürfnis des Außendienstmitarbeiters
– Art der Vergütung
– Qualität der Führung.

Die Bandbreite ist bei den Arbeitsinhalten, aber auch bei den Erwartungen, die Unternehmen in ihre Außendienstmitarbeiter setzen, außerordentlich groß. Manche verkaufen allein und ohne jede Aufsicht, andere arbeiten in Teams. Manche der zu verkaufenden Produkte sind umkompliziert, andere von hohem technischem Anspruch. Manche Verkäufer liefern sofort aus, bei anderen liegt der Zeitpunkt bis zur Lieferung so weit weg, daß nur im nachhinein und oft aufwendig das Leistungsergebnis zu ermitteln ist. Dabei wurde stillschweigend davon ausgegangen, daß es sich um vollbeschäftigte Verkaufsprofis handelt, die ihre Produkte im allgemeinen Unternehmen und nicht Endverbrauchern anbieten. Dessen ungeachtet sind diese Erkenntnisse jedoch ebenso auf den Verkäufer anzuwenden, der nebenberuflich arbeitet oder als Vertreter direkt beim Konsumenten tätig ist.

Anforderungen an Außendienstmitarbeiter

Die Anforderungen, denen sich der hier angesprochene Außendienstmitarbeiter stellt, weisen u. a. folgende Merkmale auf:
- Unabhängiges Arbeiten, ohne über relativ lange Zeiträume hinweg unmittelbar beaufsichtigt zu werden.
- Arbeiten, ohne ständigen Kontakt zu Kollegen.
- Einsatz hoher Arbeitsenergien vom ersten bis zum letzten Kundengespräch.
- Ständiges, schnelles und genaues Bewerten immer wieder neuer Situationen und Geschäftspartnern.
- Ständige und einfühlende Schätzung der persönlichen und geschäftlichen Wünsche anderer.
- Hinauszuwachsen über sich selbst, um Kunden zum Kauf zu bewegen und einen positiven und nachhaltigen Eindruck zu hinterlassen.
- Immer wieder auch Zurückweisungen zu ertragen.
- Wenn vier Anbieter im Wettbewerb stehen, werden drei das Nachsehen haben, was mitunter auch als persönliche Zurückweisung empfunden wird.
- Ständiges Bemühen, die Bedürfnisse anspruchsvoller, fordernder Kunden mit der gelegentlichen Trägheit der Organisation des eigenen Unternehmens in Einklang zu bringen.

Die Motivation von Außendiensten ist somit eine schwierige Aufgabe. Welche Voraussetzungen müssen erfüllt sein, um hier bestmögliche Gegebenheiten für die Arbeit zu schaffen?

4.3 Die klar umrissene Verkaufsaufgabe

Zunächst sind es schon die Branche und die Art der Unternehmen, in der der Verkauf organisiert wird, die sich voneinander unterscheiden. Die Motivation wird stets aber um so höher sein, je genauer dem Vertreter bewußt ist, *wo er mit seiner Leistung steht* und welche Wirkungen, Erfolge oder Mißerfolge er dabei ausgelöst hat. Hier spielt wieder die Branche eine wichtige Rolle, wegen der Frage, in welchem Maße die Leistung des Vertreters als Erfolg meßbar und zu bewerten ist. Außerdem ist die Spannweite der Branchen für Chance und Risiko unterschiedlich hoch. Dem werden – zumindesten in den Grundzügen – die Entlohnungssysteme angepaßt sein. Die Harvard-Professoren kommen auch zu der Erkenntnis, daß es einen direkten Zusammenhang zwischen dem Leistungsbedürfnis des einzelnen und der Motivaton einer Verkaufsmannschaft gibt. Dabei bezeichnen sie Zielsetzung, Beurteilung und Einstellung der richtigen Leute als Stützpfeiler von Motivationsprogrammen.

Die Schwierigkeit, ein wirksames Vergütungssystem für den Verkaufsaußendienst zu entwickeln, ist ein sehr altes Problem. Allein schon die Frage, ob leistungsbezogene Vergütung oder festes Gehalt stärker motivieren, ist ohne genaue Berücksichtigung der jeweiligen Umstände nicht exakt zu beantworten. Selbst die Frage, ob Geld oder Status stärker motivieren, ist strittig.

Optimale Vergütungssysteme im Verkauf sind immer problematisch

Im Vergleich der beiden Grundmodelle festes Gehalt einerseits, Provision andererseits, wird der Kombination aus beidem generell der Vorzug gegeben. In reiner Form sind sie in der einen oder anderen Art eher die Ausnahme. Die Suche nach der idealen Kombination wird vermutlich nie abgeschlossen sein. Es bleibt immer die Grundsatzfrage, ob die Möglichkeit, zusätzlich Geld zu verdienen, gleichbleibende Motivationskraft hat, um den damit verbundenen Aufwand auch zu rechtfertigen. Doch auch hierzu ist auf die jeweilige Branche und ihre Möglichkeiten hinzuweisen, ob wirklich Zusatzverkäufe durch noch mehr verstärkten Einsatz von Außendienstmitarbeitern zu erreichen sind. Dabei ist das Problem einer gerechten Zurechenbarkeit, wie sie sich bei festen Verkaufsbezirken stellen kann, noch nicht einmal berücksichtigt.

Sicher ist aber, daß es kostspielig und zeitraubend ist, ein erfolgsabhängiges Vergütungssystem für den Außendienst aufzubauen und auch durchzusetzen. *Die Motivationskraft jedes Anreizsystems wird um so geringer, je weniger eindeutig die eigentliche Verkaufsaufgabe ist.* Dabei muß die Entlohnung des Außendienstes nicht isoliert, sondern als Teil des Gesamtsystems gesehen werden. Hier wird die Leistung des Verkäufers nicht nur durch die Art des Vergütungssystems beeinflußt, sondern auch von den besonderen Merkmalen der Aufgabe und den Persönlichkeitsprofilen der einzelnen Verkäufer.

4.4 Außendienste qualifiziert führen

Unternehmen müssen viel Geld in die Auswahl und das Training ihres Außendienstes investieren. Vieles davon kann verlorengehen, *wenn der Außendienst nicht effektiv geführt wird.* Die Rolle des Verkäufers, der im Außendienst meist auch noch als Einzelkämpfer mancherlei Formen von Frustration ausgesetzt ist, hat ihre Besonderheiten. Was erscheint in der hier generellen Betrachtung sinnvoll, um Führung zu optimieren?

Zielsetzungen Erfolgreich führende Verkaufsleiter setzen ihrem Team hohe Ziele, die aber von allen als erreichbar angesehen werden können. Sie übertragen Verantwortung und Kompetenzen und definieren für den einzelnen Aufgaben, die ihn fordern.

Leistungsbeurteilungen Die Mitglieder des Teams müssen wissen, wieweit sie das von ihrem Verkaufsleiter gesetzte Ziel erreicht haben. Er soll ihnen den Stand der Zielerreichung häufig, rechtzeitig und deutlich vor Augen führen. Sie müssen wissen, wieweit es noch bis zum Ziel ist.

Förderung Der gute Verkaufsleiter ist der wichtigste, weil ständige Trainer seiner Mannschaft. Er hilft, Schwächen zu erkennen und Trainingsbedarf herauszufinden. Er gibt die Möglichkeit, Neuerworbenes zu erproben und geizt nicht mit Anerkennung, wenn die Anstrengungen seiner Mitarbeiter Wirkung zeigen.

Sensibilität Der gute Verkaufsleiter besitzt Einfühlungsvermögen und läßt erkennen, daß ihm daran liegt, daß seine Mitarbeiter sich persönlich respektiert fühlen. Er stellt konstruktive Arbeitsbeziehungen zu den Mitgliedern seines Teams her und weiß, wann er seinen Verkäufern Gelegenheit zu selbständiger Leistung geben muß, indem er sich aus guten Gründen zurückhält.

Der Verkaufsleiter kann jederzeit beweisen, daß er selbst gründliche Verkaufs- und Marketingkenntnisse besitzt. Sein Wissen davon, was innerhalb und außerhalb der eigenen Verkaufsorganisation passiert, beeinflußt das Gesamtergebnis seines Teams. **Fachkenntnisse**

4.4.1 Erfolg ist das Zusammenwirken aller Einzelmaßnahmen

Die für jede Art von Unternehmen geltende vollständige Zahl aller Maßnahmen an dieser Stelle aufzuführen, ist nicht möglich. Dennoch sind hier die wichtigsten allgemeinen Voraussetzungen noch einmal aufgeführt:

1) Klare Aufgabenstellung sichert den funktionierenden Zusammenhang zwischen Arbeitseinsatz und erzielten Verkaufsergebnissen. Eine klar definierte Aufgabe erleichtert zugleich die Leistungsbeurteilung und Genauigkeit der Verkaufsberichte. Nur so wird ein funktionsfähiges und in seinem Bemühen um Gerechtigkeit anerkanntes System zur Messung von Erfolgen möglich sein.
2) Der Wille zur Leistung ist wesentliche Grundvoraussetzung für den Verkäufer. Sie können sich umso besser entfalten, je mehr sie in einem System arbeiten, das hinreichend deutlich die Bezüge zwischen ihren Anstrengungen und den erzielten Ergebnissen ermöglicht.
3) Auf Leistungsanreizen gegründete Vergütungssysteme schaffen eine verbindliche Verknüpfung von Anerkennung einerseits und Arbeitseinsatz, nachgewiesen im Verkaufsbericht, andererseits.
4) Zu den wichtigsten Aufgaben des Verkaufsleiters gehört es, sicherzustellen, daß die Berichte, die aus seinem Team kommen, korrekt sind und daß die erzielten Leistungen im Rahmen des dafür geltenden Systems belohnt und anerkannt werden.

5) Training des Außendienstteams ist eine der wichtigsten Aufgaben des Verkaufsleiters. Er hilft damit seinen Verkäufern, die ihnen vorgegebenen Ziele besser zu erreichen, und hat seinerseits – auch aus der Zusammenarbeit – die Möglichkeit, gezielt darauf hinzuwirken, daß sein Mitarbeiter sich immer noch weiter verbessern kann.

Das erfolgreiche Zusammenspiel von Verkaufsleitung und Verkaufsteam wird auf die Dauer zu den verdienten Ergebnissen führen, die in ihrer Rückwirkung meist sehr entscheidende Auswirkung auf das Abschneiden des jeweiligen Unternehmens haben.

4.4.2 Konfliktbewältigung

Konflikte wird es immer wieder geben

Wo immer Menschen miteinander umgehen, sei es im Berufs- oder Privatleben, entstehen Konflikte und ergeben sich Auseinandersetzungen. Im Grunde muß man immer mit Konflikten zwischen Einzelpersonen oder Gruppen ganz unterschiedlicher Größe leben. Wie der einzelne solche Konflikte erlebt, beurteilt und übersteht, hängt von der jeweiligen Psyche, Physis und – so banal es klingt – Tagesform ab. Was dem einen bedeutungslos scheint, bringt den anderen zur Verzweiflung.

Meistens werden Konflikte als schädlich, hemmend, unstatthaft und überflüssig angesehen. *Vieles an persönlicher Energie wird verbraucht, um Konflikte zu vermeiden oder zu unterdrücken.* Dabei würde vieles besser zu bewältigen sein, gäbe es mehr Bereitschaft, Konflikte zu bereinigen.

Eine Konfliktsituation, die – aus welchen Gründen auch immer – nicht bewältigt wird, läßt die vorhandene Spannung weiter steigen. Wenn das klärende Gespräch nicht erfolgt oder ergebnislos verläuft, kann sich die Situation in der Folge so steigern, daß sie zur nicht mehr kontrollierbaren Reaktion führt. Die Skala solcher Reaktionen reicht von der Resignation als einem Extrem bis zu dem anderen, der offenen Aggression. Dabei spielt der berühmte Tropfen, der das Faß zum Überlaufen bringt, eine unheilvolle Rolle. Scheinbar unbedeutende Vorgänge werden mit Überreaktionen beantwortet. Oft genug wird der Konflikt nicht von den Beteiligten selbst ausgetragen, sondern auf eine andere Ebene verlagert. Aus einem Konflikt im Beruf aufgestaute Aggressionen entladen sich in der Familie, die auf derartiges – je nach eigener Einschätzung und Gewohnheit – mit Verwunderung bis Schockiertsein reagiert.

4.4.3 Ursachen für Konflikte

Immer wenn Mitarbeiter das Gefühl haben, ihren Interessen und Wünschen werden Hindernisse entgegengesetzt, entstehen betriebliche Konflikte. Diese können auch aus entgegengesetzten Interessenlagen entstehen, für die die Organisation, der Kollege oder der Vorgesetzte verantwortlich gemacht werden. Hierfür einige Beispiele:
- Ein Markenartikelreisender muß aus betrieblichen Gründen am Samstag arbeiten. Er kann seine Freundin, die dienstfrei hat, nicht treffen.
- Der Reisende A ist der Meinung, daß ihm der neue Dienstwagen zukäme. Statt dessen bekommt ihn sein Kollege B.
- Der Mitarbeiter Z hat sich um 19.00 Uhr mit seiner Freundin verabredet. Um 18.30 Uhr wird er von seinem Vorgesetzten zu einer Sitzung gerufen.
- Zwei Mitarbeiter, die sich gegenseitig vertreten können, wollen zur gleichen Zeit in Urlaub.

In allen geschilderten Fällen ist dem Mitarbeiter verwehrt, sein Ziel zu erreichen und sein Bedürfnis zu befriedigen. Wenn diese Barriere als Störung erlebt wird, als deren Ursache er die Organisation, Kollegen oder Vorgesetzte sieht, so ergibt sich gegenüber diesen vermeintlich »Schuldigen« eine Konfliktsituation. Es hängt dann von der Konfliktfähigkeit des Betroffenen ab, ob er diesen Konflikt unterdrückt, zu regeln versucht, indem er die Wirklichkeit akzeptiert, oder ob er den Konflikt offen aufbrechen läßt.

Die Konfliktfähigkeit des einzelnen spielt eine Rolle

Die Konfliktursachen können demnach sein:
- unklare Kompetenzen
- Ungerechtigkeiten (tatsächlich oder scheinbar)
- Bedingungen der Organisation

- Unzulänglichkeiten der Organisation
- Über- oder Unterforderung
- Probleme mit der Information
- technische Schwierigkeiten.

4.4.4 Prüfen Sie Ihre Fähigkeit, mit Konflikten umzugehen

In der Wirklichkeit werden jedoch Meinungsverschiedenheiten sehr häufig nicht ausgetragen. Heimlich geballte Fäuste helfen wenig bei der Lösung von Konflikten. Die Gründe für derartiges Verhalten ist oft genug Beklommenheit vor möglichen Folgen, vor weiterem Streit, vor Unverständnis, Mißgunst, schlechtem Arbeitsklima oder dem Gehenmüssen aus der Gruppe oder dem Unternehmen. Dabei kann solche Art, Konflikte zu unterdrücken, *gelegentlich* sogar kurzfristig erfolgreich oder angebracht sein, etwa bei ungeeigneten Stimmungslagen der Beteiligten, Zeitnot, Entscheidungsdruck, Gegenwart Fremder oder anderer denkbarer falscher Momente. Doch längerfristig wird solche Unterdrückungsstrategie die Spannungen verschärfen und das Arbeitsklima belasten. Bei mangelhafter und verklemmter Kommunikation gehen wertvolle Gedanken und Informationen verloren. Notwendige kritische Hinweise unterbleiben, und mit dem Verzicht auf Veränderungen gehen auch mögliche Verbesserungen unter. Alles, was an Negativem über informelle Kanäle fließt, bis hin zu Intrigen, hat gute Entwicklungschancen. Und früher oder später geht es bei einer Gelegenheit – in vielleicht völlig anderem Zusammenhang – in einen offen ausgebrochenen Konflikt über.

Auch der Zeitpunkt spielt bei Konflikten eine Rolle

Akzeptable Lösungen sind wichtig

Die ideale Konfliktlösung ist ein 100%-Modell, in dem sämtliche störenden Faktoren ausgeschaltet worden sind. Eine im betrieblichen Alltag eher *unwahrscheinliche* Sachlage. Realistischer ist schon, davon auszugehen, daß alle Beteiligten zu einer akzeptablen Lösung finden. Selbstverständlich ist damit nicht der faule Kompromiß gemeint, sondern gemeinsames, geduldiges Suchen und Erschließen eines Lösungswegs, der alle Beteiligten aufnehmen kann, sie überzeugt und zufriedenstellt. Offene, aufrichtige und sachliche Gespräche sind dazu der beste Einstieg.

4.4.5 Wie Sie Konflikte vermeiden

Konflikte zu vermeiden heißt nicht, ihnen aus dem Wege zu gehen. Es geht vielmehr darum, Maßnahmen zu finden und zu ergreifen, die Konflikte gar nicht erst entstehen oder nur erschwert aufkommen lassen. Gute Chancen, Konfliktsituationen zu entschärfen, haben **Konflikte entschärfen**
- offene und aufrichtige Information
- Aktzeptieren anderer Meinungen
- Bereitschaft zum Gespräch
- klare Kompetenzregelungen
- kooperative Führung
- Sachlichkeit beim Lösen der Probleme
- gegenseitige Achtung.

Wenn Sie die folgenden 20 Fragen mit ja beantworten können, sind Sie in der Lage, viele Konflikte gar nicht erst entstehen zu lassen. **Konflikte verhindern**
- Haben alle Mitarbeiter klare Kompetenzen?
- Kennen alle Mitarbeiter ihren Kompetenzspielraum?
- Ist eine klare Organisationsstruktur vorhanden?
- Ist die Organisationsstruktur allen Mitarbeitern bekannt?
- Werden die Mitarbeiter genügend und offen informiert über Aufgabe, Betrieb, Zielsetzung u. ä.?
- Haben alle Mitarbeiter ihren Eignungen und Neigungen entsprechende Aufgaben?
- Bezeichnen alle das Arbeitsklima als gut?
- Können die Mitarbeiter selbständig arbeiten und sich entfalten?
- Geben Sie selbst immer klare, sachliche und eindeutige Anweisungen und Aufträge?
- Berücksichtigen Sie bei Entscheidungen die Meinungen und Ansichten der Mitarbeiter?
- Werden Sie von Ihren Mitarbeitern als gerecht und unparteiisch gesehen?
- Ist das bestehende Lohnsystem gerecht?
- Haben Sie für Ihre Mitarbeiter Zeit?

- Erkennen Sie gute Leistungen an?
- Können Sie Mitarbeiter aufmuntern und anspornen?
- Bleiben Sie sachlich und ruhig, wenn Sie kritisieren?
- Führen Sie konsequent?
- Können Sie zügig Entscheidungen treffen?
- Fördern Sie Ihre Mitarbeiter?
- Lassen Sie auch die Meinung anderer gelten?

Nun, wie war das Ergebnis? Können Sie Konflikte vermeiden?

---

5 Die Führung von Verkaufsmitarbeitern

Der Begriff des Führens ist schon vor Hunderten von Jahren für den praktischen Gebrauch sowohl beim Militär, aber auch bei kirchlichen Institutionen definiert worden. J. K. Galbraith schrieb in »Die moderne Industriegesellschaft«: »Führung bedeutet die Formung der Gruppen, die Entscheidungen fällen und die dauernde Veränderung ihrer Zusammensetzung gemäß den wechselnden Anforderungen. Dies ist die wichtigste Funktion der Führungsarbeit. In der Wirtschaft, in der organisiertes Wissen der entscheidende Produktionsfaktor ist, kommt dem besondere Bedeutung zu. Man darf aber nie davon ausgehen, daß eine solche Führung bei wesentlichen Entscheidungen das organisierte Wissen ersetzen oder überspielen könnte.«

Nach Ullrich Sievert von der VA Akademie für Führen und Verkaufen, Sulzbach/Taunus, heißt führen:
- Verändern
- Ziele und Prioritäten setzen
- In die Zukunft hinein handeln
- Die eigenen und die Leistungen der Mitarbeiter produktiv einsetzen
- Richtige und wirkungsvolle Entscheidungen treffen
- Ergebnisse erzielen und kontrollieren
- Die eigene Zeit optimal einteilen und nutzen.

Unter der Voraussetzung einer klaren, eindeutigen Zielsetzung wird Führen so zur Überzeugungs- und Beeinflussungsaufgabe. Auf den Verkauf bezogen werden Planung, Durchführung, Koordination und Kontrolle als Eckpfeiler zielorientierten Handelns gesetzt. Es liegt auf der Hand, daß erfolgreiche Verkäuferführung davon abhängt, die Arbeit des Außendienstes so zu steuern, daß sie *positive Rückwirkung* auf die Leistung der Außendienstmitarbeiter hat. Angesichts der Tatsache, daß der Außendienstmitarbeiter seine Arbeit normalerweise in Abwesenheit seines Vorgesetzten tut, bedeutet das Führung unter ganz besonderen Umständen. Diese gelten auch für den Außendienstmitarbeiter, der als »Einzelkämpfer« auch in der Lage sein muß, mit Frustrationen fertig zu werden, denn keineswegs jedes Kundengespräch verläuft

Wer führt, sollte auch überzeugen können

**Selbstbewußt-
sein stärken**

erfolgreich oder annähernd nach Wunsch. Wegen dieser erschwerenden Bedingungen ist es sinnvoll, die Außendienstmitarbeiter in ihrem Selbstbewußtsein zu stärken, beispielsweise durch Aus- und Weiterbildung. Zudem ist es wichtig, daß ihnen im Unternehmen ein Ansehen gegeben wird, das dem Gewicht der Aufgabe entspricht. Es ist eine der wesentlichen Aufgaben der Führungsmannschaft, möglichst viele der negativen Faktoren, die Leistungswillen und Leistungsbereitschaft hemmen, von ihrem Team fernzuhalten. Dabei sind klare Zielsetzungen, Maßnahmen, Koordinationen und Kontrollen Voraussetzungen von grundsätzlicher Bedeutung. Nur durch Erfolge seiner Verkäufer kann auch der Verkaufsleiter auf Dauer erfolgreich sein.

Welche Eigenschaften müssen die dem Verkäufer gesetzten Ziele haben?

Sie müssen aus der Sicht des Außendienstmitarbeiters erreichbar sein. Das Gefühl, es schaffen zu können, muß ihm seine Führungskraft vermitteln. Das gesetzte Ziel muß überschaubare Zeitabstände – die Woche ist dafür ein guter Zeitraum – umfassen. Die Verständlichkeit des gesetzten Ziels sollte nicht nur für den Außendienstmitarbeiter selbst, sondern auch für seine Umgebung klar sein. Außerdem hebt es sein Selbstwertgefühl, wenn es auch andere wissen. Die Zielsetzung muß für ihn so faßlich sein, daß er sie für seine Arbeit, seinen Verkaufsbezirk, seine Kunden, sein Produkt und die für den Erfolg erforderlichen Voraussetzungen umsetzen kann. Je anschaulicher das Ziel in Zahlen ausgedrückt werden kann, desto *fairer* und *gerechter* wird der Außendienstmitarbeiter die Vorgabe empfinden. Kontrollen geraten leicht in Verruf, wenn sie, unvernünftig angewendet, nur Fehler aufdecken wollen. Richtig angewendet, will sie auch der Verkäufer, denn es geht ihm darum zu wissen, wo er steht, und letztlich sind gute Kontrollergebnisse allemal die Voraussetzung für Anerkennung.

Die Aufgabe, Außendienstmitarbeiter zu führen, sie in ihrer Leistungsfähigkeit und -bereitschaft zu stärken, ihre Arbeit aber auch zu beurteilen, ist letztlich vorrangig gegenüber einem Maximum an Fachwissen. Dazu muß nüchternes, logisches und analytisches Denken kommen, das den Verkaufsleiter über die Fähigkeiten seiner Mannschaft hinaushebt. Er muß zwischen Auswirkungen und Ursachen als Grundlagen der Einflußnahme im Rahmen der Führung unterscheiden können. Er muß bereit und fähig zur Zusammenarbeit sein, und er muß Mittel und Wege kennen und optimal auswählen, wenn es darum geht, Gedanken an das eigene Team zu vermitteln. Deshalb ist es geradezu lebensnotwendig, daß der erfolgreiche Verkaufsleiter die Motive, die seine Mitarbeiter zu Höchstleistungen bringen, genauso kennt und einschätzen kann wie die Motive, aus denen heraus Kunden kaufen. **Auswirkung und Ursache unterscheiden**

5.1 Führungssysteme im Verkauf

Die Aufbaustruktur, nach der eine Verkaufsorganisation gegliedert wird, ist abhängig von Branche, Markt, Produkt und Unternehmensgröße. In der funktionalen Marketing-Organisation steht der Verkauf gleichrangig neben den Abteilungen Kommunikation und Planung. Diese Struktur ist vor allem bei Unternehmen zu finden, die Monoprodukte oder Einzelsortimente in den Markt bringen. Kennzeichnend ist auch, daß der Außendienst eine weitgehend homogene Gruppe von Abnehmern besucht. (12) **Funktionale Marketing-Organisation**

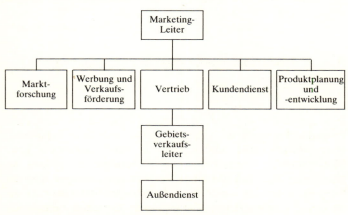

Abb. 2 Funktionale Marketing-Organisation

Produkt-orientierte Marketing-Organisation

In dem Schaubild für eine produktorientierte Vertriebsorganisation zeigt sich der parallele Einsatz. Derartige Aufbauorganisationen finden sich besonders bei diversifizierenden Unternehmen, die zwei sehr unterschiedliche Produktgruppen, etwa Investitionsgüter einerseits, Konsumgüter andererseits, vertreiben. Es gibt in der Literatur verschiedene Darstellungen, auf die man zurückgreifen könnte. Um möglichst einheitlich zu bleiben, wurde auch bei den folgenden Beispielen der Anlehnung an Koinecke/Wilkes der Vorzug gegeben.

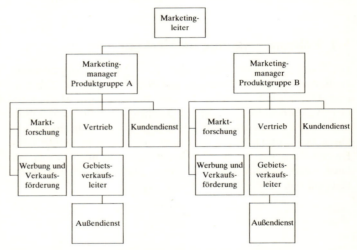

Abb. 3   Produktorientierte Marketing-Organisation

Produkt-Management-System

Eine produktorientierte Marketing-Organisation nach dem Produkt-Management-System zeigt das folgende Schaubild. Hier werden zwei unterschiedliche Produktgruppen bzw. Monoprodukte vertrieben. Die Zielgruppe ist jedoch so gleichartig, daß sich mit einer Vertriebsorganisation arbeiten läßt. Es wäre also vorstellbar, daß sowohl Fertiggerichte als auch Körperpflegemittel das Programm darstellen, denn beide können im Lebensmitteleinzelhandel angeboten werden.

Führung von Verkaufsmitarbeitern

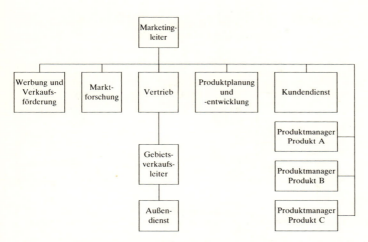

Abb. 4 Produktorientierte Marketing-Organisation als PM (Produkt-Management)-System

Abnehmerorientierte Marketing-Organisation

Abnehmerorientiert ist die Organisationsform des folgenden Beispiels. Sie könnte für Industriezweige gelten wie die chemisch-technische Industrie, die Nahrungsmittelindustrie, die Getränkeindustrie (Abb. 5).

An diesem Beispiel zeigt sich, daß der einzelne Marketingmanager, der für bestimmte Abnehmergruppen zuständig ist, über das gesamte Marketinginstrumentarium verfügen kann. Außerdem kann er die Hilfe von Stabsstellen, die auch gewisse Koordinationsfunktionen ausführen, in Anspruch nehmen. Derartige Strukturen sind vor allem dort anzutreffen, wo Großsortimente an verschiedene Abnehmergruppen gebracht werden sollen. Solche abnehmerorientierten Marketing-Organisationen können in verschiedenen Formen, beispielsweise Tochtergesellschaften, die durch Provisionen oder Profitcenter gesteuert werden, auftreten.

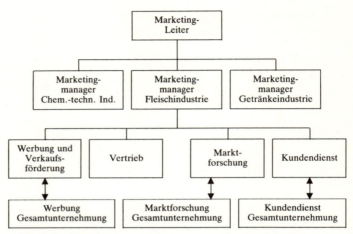

Abb. 5   Abnehmerorientierte Marketing-Organisation

Weniger häufig sind Marketing-Organisationen anzutreffen, die gebietsorientiert sind. Marketing- und Vertriebsmanagement sind hierbei kaum noch zu trennen.

Die hier angesprochenen Organisationsformen sind jedoch keineswegs nur in der beschriebenen Form anzutreffen. Die Realität zeigt auch immer wieder alle möglichen Formen der Kombination. Eine dynamische Geschäftsleitung wird das Bestehende von Zeit zu Zeit in Frage stellen und überprüfen, ob und welche Verbesserungen möglich und sinnvoll sind.

5.2 Führungsprinzipien

Daß es notwendig ist, Außendienstorganisationen zu führen, bedarf sicher keiner weiteren Erklärung. Nach *welchen* Grundsätzen und mit welcher Struktur das geschieht, erfordert dagegen manche Überlegung. Im Grundsatz können dabei die gleichen Inhalte gelten, die für die Mitarbeiterführung schlechthin von Bedeutung sind. Ein Überblick über die Führungsleitlinien namhafter deutscher Unternehmer zeigt immer wieder folgende Schwerpunkte:

- Zielsetzung und Planung
- Information
- Delegation
- Entscheidung
- Kontrollen
- Beurteilung
- Förderung.

**Führungs-
leitlinien**

Darüber hinaus werden die einzelnen Unternehmen aus ihrer jeweiligen Sicht und Situation ergänzende Schwerpunkte hinzufügen. Grundlage wird dabei das Bekenntnis zum kooperativen Führungsstil sein. Delegation der Verantwortung mit entsprechender Kompetenz, die gemeinsame Vorbereitung von Entscheidungen sind dafür kennzeichnend. Dazu ist anzumerken, daß die Entscheidung nicht nach dem Mehrheitsprinzip fällt, sondern daß der, der die Verantwortung für die Entscheidung zu tragen hat, auch das letzte Wort haben muß. Demgegenüber entscheidet im autoritären Führungsstil als der entgegensetzten Form von Führung nur der Vorgesetzte, ohne die im kooperativen Führungsstil grundsätzlich vorausgehende Beratung mit den Mitarbeitern. Rudolf W. Vanderhuck hat die Vor- und Nachteile der beiden sehr gegensätzlichen Führungsstile gegenübergestellt. (13)

Einer entscheidet: Autoritärer Führungsstil

+ Vorteile	− Nachteile
− Schnelle Entscheidungsprozesse	− Mitarbeiter haben keine Möglichkeit, sich zu entfalten
− Eindeutige Anweisungen sind möglich	− Gefahr von Fehlentscheidungen, weil nur einer entscheidet
− Schnelle und eindeutige Umsetzung	
− Ebenso eindeutige Kontrolle	− Fehlende Motivation durch Mangel an Verantwortungsübertragung
− Nur einer trägt Verantwortung	− Frustration bei den Mitarbeitern
− Mitarbeiter brauchen keine Verantwortung zu übernehmen	− Keine Widerspruchsmöglichkeit/Beeinflussungsmöglichkeit

Das Gremium entscheidet: Kooperativer Führungsstil

+ Vorteile	− Nachteile
− Mehr Daten und Informationen sind vorhanden	− Langwierige Entscheidungsprozesse
− Geringere Gefahr von Fehlentscheidungen	− Aufwendige (Vor-)Informationen an Mitarbeiter sind nötig
− Hohe Motivation der Mitarbeiter	− Lange Diskussionen vor Entscheidung
− Mitarbeiter wirken mit und tragen Entscheidungen mit	− Gefahr der Zielverfälschung durch Zerreden
− Mitarbeiter entwickeln/entfalten sich	
− Die Umsetzbarkeit der Entscheidung ist positiv motiviert	

In der Realität herrscht heute eindeutig das Bekenntnis zum *kooperativen* Führungsstil vor. Das schließt nicht aus, daß − gerade auch in einer Außendienstorganisation − unter bestimmten Umständen Entscheidungen mit *autoritären*

Merkmalen fallen, ohne daß dadurch der Grundsatz der kooperativen Führung auf Dauer außer Kraft gesetzt wird.

Wenn unter Zeitdruck entschieden werden muß, beispielsweise im Zusammenhang mit Auftragsabschlüssen, oder wenn die schnelle Reaktion auf Maßnahmen von Wettbewerbern zeitlichen Aufschub ausschließt, kann es nötig werden, »einsame Entscheidungen« zu treffen. Eingeschlossen werden muß als Anlaß auch die Korrektur einer früher getroffenen Entscheidung eines Gremiums, die keinen Verzug erlaubt. Das sollte aber nur in Ausnahmefällen gelten, wenn hohe Risiken drohen.

Wieder auf die Situation des Außendienstes bezogen, verbietet es die notwendige Zügigkeit von Entscheidungen oft, die Mitglieder von Gremien, die häufig geographisch verstreut arbeiten, zusammenzurufen. Wichtig in diesem Zusammenhang ist allerdings, solche als Ausnahmefall getroffenen autoritären Entscheidungen gegenüber den kooperatives Führen erwartenden Mitarbeitern hinreichend zu begründen. Läßt sich das Prinzip kooperativer Führung im konzeptionellen Bereich meist ohne Abweichungen realisieren, so gibt es dort, wo es um die operative Umsetzung geht, gelegentlich die geschilderte Ausnahme von der Regel.

Der Außendienstmitarbeiter arbeitet im Vergleich zum Innendienst meist allein auf sich gestellt, ohne die Möglichkeit schnellen und direkten Kontaktes zu Vorgesetzten und Kollegen. Er unterliegt deshalb dem Führungseinfluß nur zeitweise unmittelbar. Dementsprechend wird das, was er wahrnimmt, um so höher bewertet. Mangel an Führung kann ihn deshalb leichter als andere frustrieren. Falsche Art der Führung wird er versuchen zu ignorieren. Richtige Führung wird sich durch Mehr an Leistung und Leistungsbereitschaft auszahlen. Starke Führungspersönlichkeiten, besonders wenn sie mit Charisma ausgestattet sind, werden ihm deshalb recht sein. Selbstverständlich bedeutet eine deutliche Personifizierung der Führung nicht autoritären oder patriarchalischen Führungsstil. In jedem Fall wird sich die personell identifizierbare Führung auswirken, denn in der Beziehung Vorgesetzter – Außendienstmitarbeiter kommt es im einzelnen darauf an:

Gutes Führen erhöht die Leistungsbereitschaft

- Ideen und Konzepte wirkungsvoll übertragen
- Mittel- und langfristige Zielsetzungen verdeutlichen und verständlich begründen
- Ergebnisse bewerten und anerkennen
- Den Mitarbeiter ernst nehmen, ihm zuhören, sich in angemessener Weise um ihn kümmern und sich mit seinen Anliegen und Problemen auseinandersetzen
- Bei Außendienstbesprechungen überzeugend wirken
- In der Zusammenarbeit auch durch Gespräche mit Kunden auf den Mitarbeiter überzeugend wirken
- Mit dem Mitarbeiter schriftlich, persönlich und telefonisch so Kontakt halten, daß er das weder als zu lange Leine noch als Gängelband empfindet.

Je besser das *Zusammenspiel* zwischen Verkaufsleiter und Mitarbeiter in dieser Weise funktioniert, um so überzeugter wird der Mitarbeiter bei seinem immer auch sehr persönlichen Einsatz für sein Unternehmen und dessen Produkte engagiert sein.

Anforderungen an Verkäufer

Der Arbeitsauftrag für Außendienstmitarbeiter wird natürlich immer von der Branche und der Art und Struktur der Verkaufsorganisation abhängig sein. Sie haben bereits erfahren, daß man die Anforderungen z. B. durch Stellenbeschreibungen oder Pflichtenhefte spezifizieren kann. Sie haben auch am Beispiel gesehen, wie man es machen kann. Knüpfen wir daran an, und versuchen wir hier in erweiterter Form, tiefer in die Materie einzudringen. Die folgende Darstellung gibt Ihnen Gelegenheit dazu.

A) Verkaufsaufgaben

Erfassen des Verkaufsbezirks	Marktgrößen – kennen – deuten Ziele (kurz- und mittelfristig) – kennen – umsetzen – erreichen

	Trends – beobachten – überdenken – Schlüsse ziehen
Verkaufen im Verkaufsbezirk	Angebote – Anfragen entgegennehmen – Sorten, Qualitäten festlegen – Preise, Konditionen, Lagerung festlegen – schriftlich, telefonisch, persönlich übermitteln – Muster versenden – nachfassen – Vorgesetzte, Kollegen informieren – Erfolgskontrolle vornehmen – Auftragsbestätigung übersenden – Stückliste zusenden – Rechnungen prüfen (Werk/Transport) – Grundlagen für die Rechnungsstellung aufbereiten Verkauf fördern – Spezialaktionen telefonisch/schriftlich anbieten – bei Entgegennahme der Bestellung auf weiteres Sortiment hinweisen – passive Kunden aktivieren
Fachanfragen	Anfragen von Vertretern und Kunden beantworten in bezug auf – Material – Verarbeitung – werbliche Unterstützung
Kundenfluktuation	Gründe erforschen für – Zugänge – Abgänge

Umsatz- entwicklung beim einzelnen Kunden	Umsatzverlauf Nachfrage zum Sortiment Zahlungsmoral Inanspruchnahme von Dienstleistungen
Beobachtung der Wettbewerber	Informationen/Unterlagen – zusammentragen, ordnen, aufbewahren – alle interessierten Stellen über besondere Vorkommnisse unterrichten Wettbewerbseinflüsse untersuchen Abwehrmaßnahmen vorschlagen
Reklamationen	entgegennehmen untersuchen erledigen

B) Verwaltungsaufgaben

Kundenkartei	Änderungsdienst gewährleisten
Sortiment	Ergänzung – vorbereiten – verwirklichen Bereinigen Anträge – beurteilen, entscheiden
Statistiken	Fortschreiben Zweckmäßigkeit und Notwendigkeit periodisch überprüfen Bei Bedarf neue Statistiken einführen Auswerten/Ergebnisse weiterleiten
Ablage	Veranlassen Exaktheit überprüfen

C) Spezielle Aufgaben

Fach- zeitschriften	lesen auswerten ggf. aufbewahren
Eigen- information	Am Erfahrungsaustausch intern und extern teilnehmen

Einführen neuer Dienstleistungen	Ideen aufgreifen und sammeln Realisierbarkeit überdenken Ideen realisieren Werbeunterlagen gestalten, Aktionen programmieren und abwickeln

D) Führungsaufgaben

Information/ Einweisung	Informieren/einweisen hinsichtlich der – Ziele – Arbeitsmethoden/-techniken – Arbeitsmittel – Fristen Sortimentsveränderungen Konditionen
Kontrolle	Werden die vorgegebenen Ziele erreicht (periodische Kontrolle) hinsichtlich – Umsatz – Anzahl der Besuche – Besuchsintervallen – Routengestaltung – Tagesberichten (Qualität/Spesen)? Werden die vorgegebenen Methoden richtig angewandt bei – Reisebegleitungen – telefonischem Kontakt mit Kunden? Werden zur Verfügung gestellte Arbeitsmittel richtig eingesetzt? – In welchem Zustand sind die Arbeitsmittel?
Motivation	Arbeitsklima der Gruppe Positives Klima erzeugen und erhalten – ausdauernd auf die Mitarbeiter einwirken – anspornen – korrigieren

Hinweis	Nun, das war ein recht ausführlicher Überblick. Versuchen Sie jetzt, sich ein Bild von einem durchschnittlichen Anforderungsprofil eines Verkäufers zu machen. Das Beispiel könnte man in ähnlicher Art auch für Vertreter verfertigen oder für andere Verkaufsmitarbeiter. Schauen Sie sich aber nun noch an, wie ein Anforderungsprofil für Verkäufer aussehen könnte.

Anforderungsprofil für einen Verkäufer

Persönliche Eigenschaften	– Auffassungsgabe – Begeisterungsfähigkeit – Durchsetzungsvermögen – Ehrlichkeit – Einfühlungsvermögen – Führungseigenschaften – Initiative – Kontaktfreude – Loyalität – Ordnungssinn – Pflichtbewußtsein – Redegewandtheit – Selbständigkeit – Selbstbewußtsein – Selbstkritisch sein – Überzeugungskraft – Zuverlässigkeit
Ausbildung und Kenntnisse	– im Kaufmännischen allgemein – im Verkäuferischen speziell – im Fachbereich – in Fremdsprachen
Eigenes Erscheinungsbild	– gepflegt – natürlich – sympathisch

	Hinweis
Denken Sie jetzt einmal an Ihren eigenen Tätigkeitsbereich oder an die Tätigkeiten Ihrer Mitarbeiter oder Kollegen. Gibt es da ähnliche präzise Vorstellungen? Wenn nicht, dann gäbe es vielleicht etwas nachzuholen.	

5.3 Leistungskontrollen

Die Notwendigkeit vernünftiger Kontrollen läßt sich schon dadurch begründen, daß jede Planung auf Kontrollen angewiesen ist. Vor allem dann, wenn festgestellt werden soll, ob Ziele erreicht, Budgets gut genutzt oder Termine gehalten wurden, kann niemand auf Kontrollen verzichten. Dabei sind Kontrollen nicht gleichzusetzen mit ständiger Überwachung, denn kontrollieren muß man ja gerade dort, wo große Freiräume viel Spielraum lassen, wo Entscheidungsbefugnis, Initiative und Handlungsvollmacht Einfluß auf Werte und Geschäftsgänge haben, die sich nicht zu jeder Zeit von der Geschäftsleitung voll überblicken lassen, andererseits aber für das Geschäftsergebnis von großer Bedeutung sind. Was wäre ein Unternehmen ohne die jährliche Inventur? Eine Sache, gegen die niemand etwas einwenden würde. Sobald aber Kontrollen persönliche Bereiche berühren, wird dagegen Kritik wach. Im Verkauf wird das besonders deutlich. Darum sollten der Zweck von Kontrollen erläutert und auch der Nutzen der Kontrollen herausgestellt werden. Manches, was als Kontrolle ausgegeben wird, könnte man auch anders bezeichnen, z. B. von Analysen sprechen.

	Manchmal auch Einzelheiten kontrollieren
Kontrollieren kann man große Komplexe, aber auch Details. Es kommt auf die Zielsetzung an und auf die damit verbundenen betrieblichen Bereiche. Hat man sich z. B. das Ziel gesetzt, die Absatzmengen zu erhöhen, muß geprüft werden, ob es zu einer besseren Auslastung der Kapazitäten kommen kann, ohne daß ein neuer Kostensprung verursacht wird. Dabei müssen die erzielten Netto-Verkaufspreise zur vollen Kostendeckung und zur Erzielung eines Ertrags ausreichen. Zudem muß es sich beim Mehrabsatz um wirkliche Zusatzgeschäfte handeln, die keine negativen Auswirkungen auf beste-	

hende Geschäfte haben. Daß es dabei nicht allein um Erfolgsermittlung und Erfolgskontrolle gehen kann, leuchtet ein, denn wer den Absatz steigern will, braucht auch geeignete Informationen und Entscheidungshilfen, z. B. über die relevanten Kosten für betriebliche Aufgaben und Entscheidungen (14). Das zeigt schon, daß Kontrollen im Absatzbereich nicht gleichzusetzen sind mit der alten militärischen Regel, die sich auf die 3 K (kommandieren, kontrollieren, korrigieren) stützte. Die bloße Zielsetzung, schneller, besser, mehr verkaufen, ist nicht identisch mit Umsatzsteigerung, denn es kommt darauf an, wie der Umsatz erzielt wurde. Es kann auch wesentlich sein, wo oder bei wem der Umsatz erzielt wurde. Es kommt also nicht nur darauf an, die Höhe des Umsatzes zu kontrollieren, sondern auch den Aufwand, der notwendig war, um den Umsatz zu erzielen.

Kein reines Umsatzdenken propagieren

Auch der Umsatz sollte immer in Verbindung mit dem Plangewinn gesehen werden. »Ohne die Orientierung am Plangewinn und die ständige Korrektur von Fehlentwicklungen ist gewinnorientiertes Denken und Handeln im gesamten Unternehmen nicht durchsetzbar (15)«.

Umsatzkontrollen sind nur dann optimal, wenn sie auch darauf ausgerichtet sind, nach Wegen zu suchen, die zu gewinnorientierten Umsätzen führen. Das bedarf keines allzu großen Aufwands. »Man kann z. B. leicht ermitteln, wieviel Prozent der besuchten Kunden
– gar nicht kaufen,
– kleine Aufträge erteilen,
– mittlere Aufträge erteilen,
– große Aufträge erteilen.

Es gibt also für jede Kategorie der besuchten Kunden eine Erfolgs-Prozentquote, und natürlich ändern sich diese Prozentquoten sofort, wenn man
– das Angebot,
– den Verkäufertyp,
– den Kundentyp oder
– die Art des Verkaufsvortrags
ändert. Und genau hier muß man ansetzen, wenn man die Erfolgsquoten in den Griff bekommen will (16)«.

Würde man diese oder ähnliche Betrachtungen weiterführen, dann stände man vielleicht am Ende vor der Frage, ob Leistungen, Produkte oder Rabatte verkauft werden. »Diejenigen Außendienstmitarbeiter mit den höchsten Umsätzen können, aus dem Gesichtspunkt des Deckungsbeitrags gesehen, oft die uninteressantesten sein, da sie, entweder bedingt durch die Kundenstruktur oder auch durch ihre eigenen Verkaufstechniken, Preise und Rabatte in den Vordergrund ihrer Verkaufstechniken stellen, nicht aber die gezielte Leistung (17)«. **Beurteilung nach Deckungsbeiträgen**

Auch eine Beurteilung nach Deckungsbeiträgen ist nicht unproblematisch, denn »sowohl der Umsatz als auch der daraus resultierende Ertrag stellen keine zweckmäßigen Maßstäbe zur Leistungsbeurteilung dar (18)«. Man könnte nämlich viele Einwände, die gegen eine reine Umsatzorientierung sprechen, auch im Zusammenhang mit Deckungsbeiträgen aufleben lassen.

Umsatzkontrollen können nur realistische Daten, die wirklich weiterführen, hervorbringen, wenn dabei andere Daten, die aus dem Marketing-Informationssystem resultieren, berücksichtigt werden, vor allem Daten über aktuelle Kunden, potentielle Kunden, ehemalige Kunden, Kundenpotential, Kundenprobleme usw. (19). Unbedingt müßten aber alle Kosten, die mit den erzielten Umsätzen zusammenhängen, erfaßt werden, um jeder Täuschung über die Geschäftslage vorzubeugen.

Mitarbeiterkontrollen sind unbeliebt. Das zu leugnen wäre Selbstbetrug. Also muß man ständig um Verständnis für Kontrollen werben. Dabei sollte der Gedanke im Vordergrund stehen, daß dort, wo es viel Selbstkontrolle gibt, Fremdkontrollen weitgehend unnötig werden. Ganz wird man allerdings nie auf Kontrollen verzichten können. Das wird auch den Verkaufsmitarbeitern einleuchten, denn Kontrollen richten sich im Grundsatz nicht gegen sie. Drei wichtige Gründe der Kontrolle sind u. a. **Um Verständnis für Kontrolle werben**
- der Wunsch, die Qualität der Arbeit der einzelnen Verkäufer messen zu können,
- den Lohn nach der Qualität der Arbeit zu bestimmen,
- solche Verkäufer herauszufinden, deren Förderung sich lohnen würde.

Welche Kriterien eignen sich, wenn Kontrollen zu den gewünschten Aufschlüssen führen sollen? In der Praxis verläßt man sich auf
- Verkaufsumsätze,
- Fähigkeit, Verkaufsziele zu erreichen,
- starken Verkauf einträglicher Produkte,
- Vergleich von Spesen und Umsätzen,
- Fachkenntnisse,
- Bewährung im Verkaufsgebiet,
- Präzision der Berichterstattung,
- Kundenbeziehungen,
- Persönlichkeitsbild,
- Fähigkeit und Willen hinzuzulernen,
- Fleiß und Aufmerksamkeit,
- Initiative.

Kontrollen können durch Verkaufsanalysen, durch persönliche Beobachtung und durch Auswertung des Berichtswesens vorgenommen werden. Manche Unternehmen urteilen aber auch vorwiegend nach dem *Erreichen des Verkaufsvolumens*, das ständig kontrolliert wird. Das heißt, es kommt hauptsächlich darauf an, daß der Verkäufer die ihm vorgegebene Verkaufsquote erreicht. Wie bereits erwähnt, ist eine solche Beurteilung, wenn sie sich nur nach dem Umsatz richtet, problematisch. Berücksichtigt müßte auch die Förderung des Warenprogramms werden, besonders der starke Verkauf gewinnbringender Artikel. Auch das Verhältnis Verkaufserfolg zu Verkaufsaufwand darf nicht unberücksichtigt bleiben.

Kontrollen objektivieren

Klar muß man sich auch darüber sein, daß persönliche Beobachtungen ein nur begrenzt sicheres Kontrollinstrument sein können. Schon die Annahme, daß der Wert der Arbeit eines bestimmten Mitarbeiters mit dem offenbaren Besitz seiner für den Verkauf wichtigen Fähigkeiten deckungsgleich ist, kann falsch sein. Meistens ist es auch unmöglich, Vorurteile und Irrtümer auszuschließen.

Berichtswesen nicht bürokratisieren

Eine bewährte Stütze bietet das Berichtswesen, obwohl sich auch hier Subjektivität nicht ganz vermeiden läßt. Das klassische Berichtswesen, mit Tages-, Wochen- und Monatsbericht, ist noch immer ein wirksames Kontrollinstrument, vorausge-

Führung von Verkaufsmitarbeitern

setzt, daß es nicht in unnütze Bürokratie ausartet. Das heißt, Tagesberichte sollen nur dann verfaßt werden, wenn sie tatsächlich einen Zweck erfüllen, oder Monatsberichte sollen nur die Positionen enthalten, die wirklich aussagekräftig sind. Es kann dabei allerdings nicht nur um den Umsatz gehen, sondern auch um produktbezogene Informationen, um Kundeninformationen, um wettbewerbsbezogene Informationen und um spezielle Marktinformationen. Durch diese Informationen gehen die Berichte über ein einfaches Kontrollmittel hinaus. Vielleicht können sie sogar hier und dort kleine Marktforschungsvorhaben ersetzen.

Natürlich kann man umfangreiche Berichtsformulare entwerfen. Aber auch eine Beschränkung auf wenige Angaben kann sinnvoll sein:
– Wer wurde besucht
– Grund des Besuches
– Besuchsergebnis
– Auftragserteilung bzw. Nichterteilung
– Kundenwünsche
– Reklamationen
– Hinweis auf Wettbewerbsaktivitäten
– Besonderheiten.

Es kommt eben immer darauf an, was mit dem Bericht erreicht werden soll. Wenn man schon umfangreiche Berichte fordert, dann sollten die eingehenden Daten aber auch ausgewertet werden. Mehr noch: Datenanalysen sollten zu Konsequenzen führen.

Man muß sich natürlich klar darüber sein, daß auch Kontrollen Kosten verursachen. Auch das könnte ein Grund sein, mit so wenig Kontrollen wie möglich auszukommen. **Kontrollen kosten Geld**

Neuerdings rückt auch ein anderer Grund nach vorn, denn die Ansicht, daß mehr Selbständigkeit, mehr Vertrauen zu besseren Ergebnissen führen könnte als ein strenges Regiment, gewinnt an Boden. Vielleicht ist man beeindruckt vom japanischen Soft-Management. Jedenfalls gibt es auch in den USA – sonst eher bekannt für ausgeklügelte Kontrollsysteme – eine Richtung, die mehr auf Anreiz zur Selbstdizplin tendiert. Besonders während der letzten Jahre machte ein Buch von sich reden, daß sich »The One Minute Manager« nennt. Es hat inzwischen sogar einige Fortsetzungen gefunden, und der Inhalt dieser Bücher zeigt fast eine neue Managerphilosophie. Da liest man z. B.: »Alles, was wert ist, getan zu werden, braucht beim ersten Mal nicht perfekt zu sein« oder »Feedback ist das Frühstück der Champions« oder »nur positive Konsequenzen ermuntern zu guten Zukunftsleistungen« oder »das Wichtigste für einen Manager ist nicht das, was passiert, wenn er da ist, sondern das, was passiert, wenn er nicht da ist« oder »Wenn Sie eine Rüge mit einem Lob abschließen, wird der Gerügte nicht über Ihr, sondern über sein Verhalten nachdenken« (21) usw. Haken wir beim »Feedback als Frühstück für Champions« ein und beziehen diesen Gedanken auf persönliche Kontrollen, dann wird klar, daß Kontrollen nicht unter dem Motto »Big brother is watching you« durchgeführt werden dürfen. Sollen Kontrollen nämlich etwas verhüten oder verändern, dann darf nicht die Angst im Vordergrund stehen.

5.4 Leistungsbewertung

Die Verkaufsleistung sollte nicht nur bei neuen Mitarbeitern gemessen werden. Mitarbeiter im Verkauf sollten so oft wie möglich beurteilt werden. Kein Unternehmen, das im Markt erfolgreich sein will, kann es sich leisten, auf die Beurteilung der Verkaufsmitarbeiter zu verzichten. Das sollte sogar über die Beurteilung der eigentlichen Verkaufsleistung hinausgehen und *nicht nur den Umsatz als Beurteilungskriterium gelten lassen.*

Ohne Beurteilung geht es nicht

Es ist bereits eine Leistung, Tag für Tag Kunden mit der gleichen Freundlichkeit und immerwährender Geduld zu bedienen, ganz gleich, zu welchem Umsatz das führt. Und es ist eine ausgesprochene Fehlleistung, wenn mürrisches Verhalten die Kunden vom Kauf abschreckt.

Wer ständig in Einzelhandelsgeschäften kauft, wird manches angenehme Kauferlebnis haben, doch wird er auch den Wunsch haben, dem Geschäftsinhaber oder dem Filialleiter über Vorfälle berichten zu können, die in dessen Laden

Führung von Verkaufsmitarbeitern

tagtäglich passieren. Immer wieder begegnet man Verkäuferinnen, Verkäufern, Kassiererinnen und sogar Abteilungsleitern, die nicht begriffen haben, daß vor dem Verdienen der Wille zur Dienstbereitschaft stehen muß.

Gelänge es, alle Verkaufsmitarbeiter von diesem Gedanken zu überzeugen, wäre es möglich, schneller, besser und mehr zu verkaufen. Die Wirklichkeit ist weit entfernt davon. Es gibt sogar hochnäsige Verkaufsmitarbeiter, die es gewissermaßen als eine Gefälligkeit ansehen, andere zu bedienen. Unausstehlich wird das besonders dann, wenn hochmütiges Verhalten sich gegen einfache, bescheidene oder gar ärmlich aussehende Kunden richtet. Entpuppt sich dann aber der herablassend behandelte Kunde als resolut und selbstbewußt, dann kommt es entweder zu unerfreulichen Szenen, oder die Verkaufskraft fällt aus allen Wolken und weiß in ihrer Unsicherheit nicht, den Kunden nun richtig zu behandeln. Die Lust am Kaufen steigern solche Vorfälle nie.

Wer in seinem Verantwortungsbereich Verkaufsmitarbeiter entdeckt, die nicht gewillt sind, sich voll in den Dienst des Verkaufs zu stellen, *muß* sich von diesen Mitarbeitern trennen. »Manager drücken sich oft vor dieser Pflicht, weil sie unangenehm ist. Aber Versager auszuschalten ist ein ebenso gutes Belebungsmittel für die Organisation wie die angepaßte Belohnung für Spitzenleistungen« (22). Hartes Durchgreifen ist man nicht nur den Kunden schuldig, sondern auch den Mitarbeitern, die sich um ihre Kunden bemühen und mit Freude ihre Arbeit tun. **Mitunter muß man hart durchgreifen**

Es wäre natürlich falsch, Verkaufsmitarbeiter nach Einzelvorfällen oder Einzelleistungen zu beurteilen. Es wurde auch bereits darauf verwiesen, daß der Umsatz allein nicht das einzige Beurteilungskriterium sein darf, was auch durch das Beispiel in Abb. 6 bestätigt wird. **Einzelfälle sind nicht repräsentativ**

Hier taucht wahrscheinlich die Frage auf, warum der Umsatz nicht gesondert in die Bewertung einbezogen wurde. Dazu kann gesagt werden, daß beispielsweise in der Zigarettenindustrie der Außendienst nur sehr bedingt in der Lage ist, durch persönliche Anstrengungen den Umsatz in großem Umfang zu beeinflussen. Produktionsunterschiede und Preisvorteile sind in der Branche ausgeglichen. Im Einzelhandel ist die Rabattierung sogar gesetzlich verboten. Kann der Außendienst den Umsatz nur bedingt steigern, ohne daß der Konsument durch starke Werbung beeinflußt wird, so kann er aber doch durch seine Aktivitäten sehr viel zur Erhaltung der Marktstellung beitragen. Sein Einfluß auf den Kunden, sein Arbeitsvolumen und seine Arbeitsbereitschaft sind von größter Bedeutung, wenn es darum geht, das Sortiment in voller Breite und Tiefe im Markt zu halten und die Distribution auszubauen.

Führung von Verkaufsmitarbeitern 73

Beurteilungsbogen
Außendienst   Zeitraum

Name   Funktion

Verkaufsdirektion   Verkaufsleitung

		a: Anforderungen werden außergew. übertroffen	b: Anforderungen werden übertroffen	c: Anforderungen werden erfüllt	d: Anforderungen werden bedingt erfüllt	e: Anforderungen werden kaum erfüllt
Arbeitsergebnis	1.1 Wertigkeit der Arbeit (Distribution, Präsentation, ökonomisches Planen und Handeln)	16	13	9	7	
	1.2 Arbeitsmenge (Aktivitäten im Gesamtbild)	16	13	9	7	
Voraussetzungen/Arbeitsweise	2.1 Einfluß auf Kunden (Auftreten, Kontaktstärke, Argumentationstechnik, Durchsetzungsvermögen)	14	12	8	6	
	2.2 Arbeitsbereitschaft (Engagement bei Aufgabenerfüllung, Bereitschaft zur Eigeninitiative)	14	12	8	6	
	2.3 Fachliche Kenntnisse (Produkt, Handel, Wettbewerb, Preis)	14	12	8	6	
	2.4 Zusammenarbeit (Kooperation mit Führungsmitarbeitern, Team, GH-Reisenden)	14	12	8	6	
Erkennen/Berichten, Termine	3.1 Marktbearbeitung/-beobachtung (Kundenstammpflege, Kunden-Selektion, Marktberichte)	13	11	7	5	
	3.2 Arbeitsunterlagen (Lieferschein, Tagesbericht, VWa, Kartei, Schriftwechsel, Formularwesen)	13	11	7	5	

Gesamtergebnis: (a, b, c, d, e)   Bewertungs-
                                          einheiten
                                          Summe:

Bemerkungen Beurteiler:

Abmahnung:
Datum:

Bemerkungen Beurteilter:

(Datum)   (Beurteiler)   (Beurteiler)   (Verkaufsdirektor)

Abb. 6   Beurteilungsbogen – Außendienst – (23)

Handelte es sich bei dem vorangegangenen Beispiel auch um einen sehr branchenbezogenen Fall, der bestätigt, daß nicht nur der Verkauf, sondern das gesamte Marketing das Umsatzergebnis beeinflußt, so ist aber auch bei breiteren Betrachtungen deutlich zu erkennen, daß sich die Arbeit des Außendienstes nicht nur auf die Verkaufshandlung selbst bezieht. Die Übersicht in Abb. 7 wurde nach Interviews von 1310 Großhandels- und Einzelhandelsreisenden (GH, EH) erstellt.

	GH-Reisende	EH-Reisende
Reise- + Besuchsvorbereitung	16 %	9 %
Fahrzeiten	24 %	23 %
Wartezeiten/Fehlbesuche	15 %	12 %
Verkaufsgespräche	29 %	25 %
Regalpflege	–	21 %
Administrative Arbeiten	16 %	10 %
	100 %	100 %
∅ Arbeitstag	9,7 Std.	10,3 Std.

Abb. 7 Tätigkeitsbereiche von Reisenden (24)

Die Übersicht zeigt deutlich, daß der Reisende mehrere Tätigkeitsbereiche berücksichtigen muß. Sorgfalt ist immer nötig, um den Arbeitstag optimal zu nutzen und möglichst viele und intensive Kundenbesuche zu machen.

Eine generelle Bewertung aller Außendienstmitarbeiter ist nicht zu empfehlen. Brancheneigenheiten – wie z. B. bei der Zigarette – oder auch unterschiedliche Zielgruppen und geographisch bedingte Gegebenheiten, lassen Differenzierungen im speziellen Fall als ratsam erscheinen.

Gesamtbeurteilung von Verkaufsmitarbeitern

Das hier beschriebene Beurteilungssystem basiert auf der Einteilung in die Leistungsbereiche
- unmittelbares Verkaufsergebnis
- mittelbares Verkaufsergebnis
- Arbeitsverhalten.

Jeder Leistungsbereich kann in weitere Teilbereiche (Beurteilungsmerkmale) zerlegt werden.

Wie eine solche Untergliederung aussehen kann, zeigen die folgenden Ausführungen. Es handelt sich um einen Praxisfall aus dem Getränkebereich (25).

Unmittelbares Verkaufsergebnis

Beurteilungs-merkmale	Beschreibung der Beurteilungsmerkmale
1 Erfüllung gesetzter Umsatzziele	HL-Vorgabe,%-Vorgabe, kunden-, marken- und gebindebezogen
2 Distributions-erweiterung/ Neukunden-werbung	direkte und indirekte Großhandelsabnehmer, Discounter, Getränkecenter, LEH, Gastronomie, Sortimentsverkauf und -erweiterung, Bevorratung etc., gezielte namentlich vorgegebene Anzahl Aktionspartner, kontraktiver Vertrieb

Abb. 8 Bewertung von Außendienstmitarbeitern – Unmittelbares Verkaufsergebnis –

Zwei wichtige Merkmale werden hier bewertet. Auffallend ist die Zielsetzung durch Vorgabe, die keinen Zweifel an der planmäßigen Führung der Außendienstmitarbeiter läßt. Beide Positionen sind auch objektiv prüfbar, so daß die Beurteilung der unmittelbaren Verkaufsleistung keine Schwierigkeiten machen dürfte.

Die mittelbare Verkaufsleistung zu werten ist nicht so einfach. Das zeigt schon die nähere Betrachtung der einzelnen Positionen. Man ist weitgehend auf die Angaben des Mitarbeiters angewiesen, der sich bemühen wird nachzuweisen, daß er seinen Pflichten nachgekommen ist. Trotzdem sind die Kriterien aussagekräftig (Abb. 9).

Mittelbares Verkaufsergebnis

Beurteilungsmerkmale	Beschreibung der Beurteilungsmerkmale
1 Datenerfassung	potentielle und bestehende Kunden, Vollständigkeit und ständige Aktualität der Kundenkartei;
2 Besuchsplanung	Tourenplanung, Besuchsfrequenz, Gesprächsvorbereitung und -ergebnis;
3 Kundenpflege	Kundenberatung und -betreuung, Eigentümerberatung, direkte Hilfe;
4 Markenartikelpflege	Pflege unserer Produkte als Markenartikel;
5 Erfüllung von Kundenverpflichtungen	Einhaltung vertraglicher Vereinbarungen, z. B. Bierbezugsverpflichtungen, Stichfaßvereinbarungen, Faßbierverleger-Vertrag;
6 Merchandising/ Verkaufsförderung	Regalpflege, keine Bevorratungslücken, Durchführung von Probeausschänken, Buseinsatz, Einsatz von Werbemitteln etc., Aktionsabsprache und -planung, Durchführung der Plazierung, Verbringung von Aktionsmitteln, Ergebnisanalyse;
7 Wirtschaftlichkeit	Höhe der ausgehandelten Vertragsleistungen (AFL, Darlehen, Pacht etc.), Geschenke, Handelswaren, Rabattzusagen, Kilometergeld, Spesen.

Abb. 9 Bewertung von Außendienstmitarbeitern
  – Mittelbares Verkaufsergebnis –

Arbeitsverhalten

Beurteilungs-merkmale	Beschreibung der Beurteilungsmerkmale
1 Führungsverhalten im engeren Sinne	Umgang und Verhalten gegenüber unterstellten Mitarbeitern, Information und Anleitung, Förderung der Mitarbeitermotivation, sorgfältiges Beurteilen der Mitarbeiter, Vorschlagen geeigneter Förderungsmaßnahmen, Kontrollfunktionen;
2 Administratives Arbeitsverhalten	Bearbeitung von Reklamationen, Wochenberichte, Spesenabrechnung, Inkassoabrechnung, Etat-Verwaltung, Ergebnisanalysen, Überwachung Leergutkonten;
3 Kontaktverhalten und Auftreten (extern)	Verhalten bei Kunden, Messen, Ausstellungen und Veranstaltungen, Auftreten und Verhandlungsgeschick/Argumentationstechnik, Kontaktpflege zu Ämtern, Behörden und Vereinen;
4 Kontaktverhalten nach innen	Teamgeist, Kooperation, Zusammenarbeit mit anderen Abteilungen, Verhalten gegenüber Vorgesetzten, sachliche Argumentation;
5 Fachkenntnisse/ Marktübersicht	Produktwissen, Fähigkeit, in wirtschaftlichen Zusammenhängen zu denken, im eigenen Verantwortungsbereich, z. B. über Konkurrenzsituation;
6 Persönliches Arbeitsverhalten	Gewissenhaftes Verhalten, geringe Kontrollerfordernis, termingerechte Erledigung von Aufgaben, gezeigte Eigenaktivität, Fähigkeit, Probleme selbständig zu erkennen und realisierbare Lösungsvorschläge zu machen, flexible Einsatzbereitschaft, Verantwortungsübernahme innerhalb seiner Zuständigkeit.

Abb. 10 Bewertung von Außendienstmitarbeitern
– *Arbeitsverhalten* –

Um bei der Beurteilung zu objektiven und vergleichbaren Ergebnissen zu gelangen, wird zunächst der Einfluß der gesamten Leistungsbereiche auf das Gesamtergebnis gewichtet. Im vorliegenden Fall soll folgende Regelung gelten:
  50 % unmittelbares Verkaufsergebnis,
  25 % mittelbares Verkaufsergebnis,
  25 % Arbeitsverhalten.
Diese Werte werden als Gewichtungsfaktoren bezeichnet.
Innerhalb der einzelnen Leistungsbereiche sind diese Gewichtungsfaktoren weiter aufzugliedern.
Zu jedem Gewichtungsfaktor tritt nun noch eine Leistungskennzahl, die den Grad der Erfüllung des jeweiligen Leistungsbereichs durch den einzelnen Verkaufsmitarbeiter angibt. Diese Leistungskennzahlen reichen von 1 bis 7. Die Leistungszahl 4 gibt dabei die Normalleistung an, die durch das Fixum gedeckt sein sollte. Die Definition der einzelnen Leistungsstufen lauten wie folgt:

Leistungsstufen
1 = Die Leistungen entsprechen nicht mehr den Anforderungen
2 = Die Leistungen entsprechen teilweise den Anforderungen, d. h., die Leistungsergebnisse sind in Teilbereichen noch nicht zufriedenstellend
3 = Die Leistungsanforderungen sind im wesentlichen erfüllt, es bestehen jedoch noch Leistungsschwächen
4 = Erwartete Normalisierung, d. h. die Leistungsergebnisse entsprechen unseren hohen Anforderungen
5 = Gut, d. h., die Leistungsergebnisse sind überdurchschnittlich
6 = Sehr gut, d. h. hervorragende Leistungsergebnisse
7 = Absolute Spitzenleistung (zeichnet sich durch Einzigartigkeit aus)

Die Gewichtungsfaktoren werden mit der entsprechenden Leistungszahl multipliziert und ergeben den Wert je Beurteilungsmerkmal.
Die Gesamtbeurteilung des Mitarbeiters resultiert aus dem Zahlenwert, der sich aus Gewichtung und Leistungszahl aller Merkmale ergibt. Abb. 11 gibt eine solche Gesamtbeurteilung beispielhaft wieder.

Führung von Verkaufsmitarbeitern

Leistungsbereiche (Bewertungsmerkmale)	Gewichtungs-faktor A	Leistungs-zahl B	Wert A × B = C
1.0 Unmittelbares Verkaufsergebnis			
1.1 Erfüllung gesetzter Umsatzziele	25 %	5	125
1.2 Distributions-erweiterung/ Neukundenwerbung	25 %	3	75
2.0 Mittelbares Verkaufsergebnis			
2.1 Datenerfassung	4 %	6	24
2.2 Besuchsplanung	4 %	4	16
2.3 Kundenpflege	4 %	5	20
2.4 Markenpflege	4 %	2	8
2.5 Erfüllung von Kundenverpflichtungen	3 %	5	15
2.6 Merchandising/ Verkaufsförderung	3 %	3	9
2.7 Wirtschaftlichkeit	3 %	4	12
3.0 Arbeitsverhalten			
3.1 Führungsverhalten im engeren Sinne	4 %	5	20
3.2 Administratives Arbeitsverhalten	4 %	4	16
3.3 Kontaktverhalten u. Auftreten (extern)	4 %	4	16
3.4 Kontaktverhalten nach innen	4 %	5	20
3.5 Fachkenntnisse/ Marktübersicht	4 %	3	12
3.6 Persönliches Arbeitsverhalten	5 %	4	20
Summe	100 %	–	408

Abb. 11   Gesamtbeurteilung

Das Beurteilungssystem, vor allem auch geeignet, wenn es um Prämienvergaben geht, gibt auch einen Überblick über die Gesamtleistungsfähigkeit des Außendienstes. Es stellte sich heraus, daß rund 70 % der Außendienstmitarbeiter über der Normalleistung lagen. Da den Vorgesetzten durch die Beurteilung bekannt wurde, wer welche Schwächen zeigte, war es auch möglich, Fördermaßnahmen in die Überlegungen einzubeziehen.

Wichtig bei allen Beurteilungssystemen ist es, daß der Mitarbeiter merkt, daß man sich um ihn kümmert. Weniger im Sinne einer Kontrolle als im Sinne einer Leistungsbilanz, die es zu verbessern gilt.

Mitarbeiter müssen wissen, wie sie gesehen werden

Natürlich ist es nicht damit getan, die Leistung des Außendienstmitarbeiters nach bestem Wissen und Gewissen gerecht zu beurteilen. Wenn das Ergebnis aufgrund einer vorhandenen Beurteilungsstruktur feststeht oder mangels einer solchen frei formuliert wird, muß *unbedingt* mit dem Mitarbeiter darüber gesprochen werden. Das sollte nicht nur deshalb geschehen, weil es der Gesetzgeber für den Fall einer Beurteilung ohnehin *vorschreibt*. Beurteilungsgespräche sind immer ein Anlaß, Zusammenarbeit unter geklärten Voraussetzungen zu verwirklichen. Der Mitarbeiter hat Anspruch darauf zu erfahren, wie er gesehen wird, und der Vorgesetzte sollte es nicht an der Zivilcourage fehlen lassen, Anerkennung und Kritik offen auszusprechen. Das Ziel sollte jedoch immer sein, am Ende des Gesprächs zu einem Einvernehmen zu kommen, wie Stärken des Mitarbeiters weiter ausgebaut und Schwächen behoben oder wenigstens kompensiert werden können.

Es ist zu wünschen, daß Gespräche über erbrachte gute Leistungen oder anzubringende Kritik nicht nur in den für eine offizielle Beurteilung vorgegebenen, möglicherweise sehr langen Zeitabständen erfolgen. Die Idealvorstellung von Leistungsbeurteilung sieht diesen Vorgang als etwas Ständiges an, aufgrund dessen der Mitarbeiter jederzeit eine Vorstellung davon hat, wie seine Leistung eingeschätzt wird. Ist diese Voraussetzung annähernd erfüllt, kann es – anders als leider häufig in der Wirklichkeit – kaum Überraschungen für den Beurteilten wie den Beurteiler geben.

5.5 Zusammenarbeitsbilanz

Mitarbeiter durch Vorgesetzte beurteilen zu lassen, ist eine häufige, wenngleich nicht grundsätzlich überall geübte Praxis. Sich vom Mitarbeiter nach einem standardisierten Schema sagen zu lassen, wie er sein Unternehmen und die Führung durch seinen Vorgesetzten sieht und empfindet, ist dagegen aus den unterschiedlichsten Gründen noch die Ausnahme. Ein süddeutsches Unternehmen befragt seit Jahren nach einem ausführlichen und inzwischen bewährten System die Mitarbeiter des Außendienstes nach ihrer Meinung zu ihrem Unternehmen und ihrem Vorgesetzten. In Verbindung mit einem in vielen anderen Markenartikelunternehmen mit Außendienst gebräuchlichen Beurteilungsraster für den Mitarbeiter ergeben sich wichtige Aufschlüsse mit der Möglichkeit, für notwendig erkannte Konsequenzen rechtzeitig zu ziehen. Möglichkeiten und Grenzen einer Übertragbarkeit auf andere Unternehmen werden sich am überzeugendsten beim Studium der nachstehend wiedergegebenen Zusammenarbeitsbilanz zeigen.

Außendienst-Zusammenarbeitsbilanz

für die Zeit vom _____ bis _____
Name _____ Vorname _____
Alter _____ Mitarbeiter seit _____
In jetziger Position seit _____
Tätigkeit/Gebiet _____

Verkaufsleiter _____ VB _____
Seit wann ist der Mitarbeiter dem Verkaufsleiter direkt unterstellt? _____

A. Bewertung aus der Sicht des Mitarbeiters

1. Zufriedenheit mit der Außendiensttätigkeit

Abwechslung, Entfaltungsmöglichkeiten, Ansehen Ihrer Arbeit, Arbeitsbedingungen, Fahrzeug, Arbeitsbelastung, Arbeitszeit, nervliche Belastung.

Wie zufrieden sind Sie mit Ihrer Außendiensttätigkeit?

sehr unzufrieden		eher unzufrieden		befriedigend		zufrieden		besonders zufrieden	
1	2	3	4	5	6	7	8	9	10

Kommentar:

Führung von Verkaufsmitarbeitern

2. Zufriedenheit mit dem Unternehmen allgemein

Image des Unternehmens, Marketingpolitik, Unterstützung durch Werbung, Form der Kundenbearbeitung im Fach-, Lebensmittel- und Nebenhandel, Zukunftsorientierung des Unternehmens.

Wie zufrieden sind Sie mit unserem Unternehmen allgemein?

sehr unzufrieden		eher unzufrieden		befriedigend		zufrieden		besonders zufrieden	
1	2	3	4	5	6	7	8	9	10

Kommentar:
_____
_____
_____

3. Zufriedenheit mit dem Angebot

Verkäuflichkeit des gesamten Angebots, neue Angebote, Konditionen für die Kunden, Form der Verkaufsförderungsaktionen, Verkaufsgesprächshilfen, Form der Auftragsabwicklung.

Wie zufrieden sind Sie mit dem Angebot des Unternehmens?

sehr unzufrieden		eher unzufrieden		befriedigend		zufrieden		besonders zufrieden	
1	2	3	4	5	6	7	8	9	10

Kommentar:
_____
_____
_____

4. Zufriedenheit mit den Kollegen

Kollegen im Verkaufsbüro, Sekretärin.

Wie zufrieden sind Sie mit der Zusammenarbeit mit Ihren Kollegen?

sehr unzufrieden		eher unzufrieden		befriedigend		zufrieden		besonders zufrieden	
1	2	3	4	5	6	7	8	9	10

Kommentar:

_____
_____
_____

5. Zusammenarbeit mit dem Verkaufsleiter

Unterstützung bei Problemen, menschliche Aufgeschlossenheit, Gerechtigkeit, Entscheidungsspielraum für Außendienst, Mitsprache des Außendienstes bei Entscheidungen, Informationsbereitschaft.

Wie zufrieden sind Sie mit der Zusammenarbeit mit Ihrem Verkaufsleiter?

sehr unzufrieden		eher unzufrieden		befriedigend		zufrieden		besonders zufrieden	
1	2	3	4	5	6	7	8	9	10

Kommentar:

_____
_____
_____

6. Zufriedenheit mit Einkommenshöhe und Einkommensform

Einkommenshöhe im Vergleich zur Leistung, Verdienst anderer Berufsgruppen, Alter, Betriebszugehörigkeit, Kollegen, Gehalt, Prämien, Verkaufswettbewerbe, betriebliche Sozialleistungen.

Wie zufrieden sind Sie mit der Höhe Ihres Einkommens und der Einkommensform?

sehr unzufrieden		eher unzufrieden		befriedigend		zufrieden		besonders zufrieden	
1	2	3	4	5	6	7	8	9	10

Kommentar:
_____
_____
_____

7. Sicherheit des Arbeitsplatzes

Was meinen Sie, wie sicher Ihr Arbeitsplatz im Unternehmen in den nächsten Jahren ist?

gefährdet		unsicher		bleibt stabil		sicher		sehr sicher	
1	2	3	4	5	6	7	8	9	10

Kommentar:
_____
_____
_____

Punkte insgesamt:

Der Mitarbeiter ist mit dem Unternehmen
- ◯ sehr unzufrieden (–14 Punkte)
- ◯ eher unzufrieden (15–28 Punkte)
- ◯ befriedigend zufrieden (29–42 Punkte)
- ◯ zufrieden (43–56 Punkte)
- ◯ besonders zufrieden (ab 57 Punkte)

B. Bewertung aus der Sicht des Vorgesetzten

Die Gesamtbeurteilung ergibt sich aus

Persönlichkeitsbild, Verhaltensbild und Leistungsbild.

Der Einfluß dieser Teilbereiche auf die Gesamtbeurteilung ist festzulegen, z. B. 20 %, 30 % und 50 % (= Gewichtungsfaktor).

Jedes dieser Teilgebiete ist nochmals in verschiedene Anforderungsbereiche unterteilt.

Innerhalb jeder Anforderungsart ist eine Festlegung auf eine der jeweils fünf vorgegebenen Leistungsstufen zu treffen.

Bei jeder Leistungsstufe stehen zwei Wertziffern zur Wahl, so daß eine differenzierte Beurteilung möglich ist. Die Wertziffern reichen von 1 (unter Durchschnitt) bis 10 (über Durchschnitt). Die zutreffende Wertziffer ist zu kennzeichnen.

I. Persönlichkeitsbild

8. Auftreten

Erscheinungsbild, Benehmen, Selbstsicherheit

	Wertziffer
Sicheres, gepflegtes Auftreten	7 8
Abwartend, könnte sich mehr zutrauen, überwiegend ordentliches Erscheinungsbild	3 4
Sicheres, bestimmtes, sehr gepflegtes Auftreten auch in schwierigen Situationen	9 10
Wirkt gelegentlich gehemmt, es fehlt an Selbstvertrauen, im Erscheinungsbild verbesserungsfähig	1 2
Befriedigendes, korrektes Auftreten	5 6

Kommentar:

_____

_____

_____

9. Belastbarkeit

Ausdauer, Verhalten bei zusätzlicher Beanspruchung, Stehvermögen, Beständigkeit

	Wert-ziffer
Normalleistung wird erreicht, kann jedoch darüber hinaus leicht überfordert werden (Kommentar notwendig)	3 4
Läßt auch bei größter andauernder Anforderung nicht in der Arbeitsleistung nach	9 10
Belastbarkeit reicht für normale Leistung nicht immer aus (Kommentar notwendig)	1 2
Belastbarkeit entspricht gestellten Anforderungen	5 6
Ist Anforderungen auch dann gewachsen, wenn sie über das übliche Maß hinausgehen	7 8

Kommentar:
_____
_____
_____

10. Ausdrucksgewandtheit

Mündlicher und schriftlicher Ausdruck, Schlagfertigkeit

	Wertziffer
Zu umständlich, zu bedächtig, mit geringer Schlagfertigkeit	1 2
Gewandt und ständig bemüht, sich zu verbessern, klarer Ausdruck	7 8
Schnelle Reaktion, kommt an. Sicher und verständlich durch klare Formulierungen	9 10
Hat gelegentlich Schwierigkeiten, klar zu formulieren, wenig spontan	3 4
Entspricht den Anforderungen, aber Steigerung wäre noch möglich	5 6

Kommentar:
_____
_____
_____

11. Kontaktfähigkeit

Interesse, Kontakte herzustellen und dauerhaft zu halten, Anpassungsfähigkeit, Toleranz, Menschenkenntnis

	Wert-ziffer
Bescheiden und vorsichtig. Kontakte entstehen langsam, sind dann aber dauerhaft	3 4
Zu abwartend und zurückhaltend, verschlossen	1 2
Kontaktfreudig und anpassungsfähig	7 8
Befriedigender Kontakt zu Partnern. Baut durchschnittliche Dauerbeziehung auf	5 6
Stellt sich gut und schnell auf Partner ein. Schafft ausgezeichnete Dauerbeziehungen	9 10

Kommentar:
_____
_____
_____

12. Durchsetzungsvermögen

Überzeugungskraft, Beharrlichkeit, Zielbewußtsein

	Wert-ziffer
Hat Durchsetzungsvermögen, wird anerkannt, zielbewußt	7 8
Durchsetzungsfähig und beharrlich	5 6
Kann überzeugen, gibt gelegentlich zu schnell auf	3 4
Überzeugt nur schwer, beeinflußbar, zu wenig beharrlich	1 2
Überzeugendes Durchsetzungsvermögen, volle Anerkennung, sehr zielstrebig	9 10

Kommentar:
_____
_____
_____

13. Geistige Beweglichkeit

Denkvermögen, Umstellung auf neue Aufgaben und Situationen, Erfassung von Zusammenhängen

	Wertziffer
Beweglich, neigt aber zu Routinedenken	3 4
Befriedigende Auffassungsgabe, beweglich und anpassungsfähig	5 6
Erfaßt langsam, benötigt zusätzliche Hinweise	1 2
Sicherer, schneller Blick für das Wesentliche und für Zusammenhänge. Wird den geforderten Situationen gerecht	9 10
Erkennt neue Zusammenhänge richtig, findet sich schnell zurecht	7 8

Kommentar:

_____

_____

_____

Gesamt-Wertziffer (8–13)	

Gesamt-Wertziffer	Anzahl der Bewertungskriterien	Gewichtungsfaktor	I. Persönlichkeitsbild – Wertzahl
	: 6 =	× 20	=

II. Verhaltensbild

14. Einsatzbereitschaft – Initiative

Einstellung zur Arbeit und Sonderaufgaben, Arbeitseinsatz, Initiative aus eigenem Antrieb, neue Ideen

	Wert-ziffer
Zeigt stets Initiative. Stellt sich selbst Aufgaben, großer Fleiß und Eifer	9 / 10
Arbeitet nach Aufgabenstellung selbständig weiter, im Arbeitseinsatz gleichmäßig, zeigt gelegentlich Initiative	5 / 6
Unternimmt von sich aus wenig, arbeitet nach Anweisung	1 / 2
Zur Mitarbeit bereit, wenn Anregungen gegeben werden	3 / 4
Zeigt häufig Initiative, aktiv und anstrengungsbereit, geht auf Anregungen schnell ein	7 / 8

Kommentar:

_____

_____

_____

15. Bereitschaft zur Zusammenarbeit

Bereitschaft zur Einordnung ins Verkaufsbüro, Verhältnis zu Kollegen, Sekretärin, Zusammenarbeit mit Verkaufsleiter, Fähigkeit zur Teamarbeit

	Wertziffer
Auf seine Mitarbeit bei gemeinsam zu lösenden Aufgaben ist in der Regel Verlaß	3 4
Ordnet sich ins Team ein. Zieht bei gemeinsam zu lösenden Aufgaben mit	5 6
Fügt sich schwer ins Team ein. Arbeitet lieber allein	1 2
Ausgesprochen positiver Einfluß auf das Team, bewirkt und fördert gute Zusammenarbeit	9 10
Arbeitet gut und sehr kollegial im Team	7 8

Kommentar:

_____

_____

_____

16. Zuverlässigkeit

Genauigkeit in Berichten und Informationen, Termineinhaltung

	Wert-ziffer	
Arbeitet häufig ungenau. Gibt nicht die notwendigen Informationen. Beachtet gesetzte Termine unzureichend	1	2
Arbeitet im allgemeinen genau, korrigiert selbständig Fehler. Termine werden eingehalten und notwendige Informationen weitergegeben	5	6
Alle Arbeiten werden pünktlich und korrekt erledigt. Häufige Informationen mit hohem Stellenwert	9	10
Arbeitet genau, man kann sich auf ihn verlassen. Gibt regelmäßige und vollständige Informationen	7	8
Ist durch flüchtiges Arbeiten manchmal ungenau. Informationen kommen selten und nicht immer vollständig	3	4

Kommentar:

_____

_____

_____

17. Arbeitsweise

Rationeller Zeiteinsatz, Systematik, Organisationsfähigkeit

Beschreibung	Wertziffer
Zufriedenstellende Systematik und Organisationsfähigkeit. Hält sich an Firmenempfehlungen bei seiner täglichen Arbeit	5 6
Sehr systematisch, auch bei schwierigen Aufgaben. Ständige, kritische Kontrolle der eigenen Arbeitsweise	9 10
Systematisch ohne Kleinlichkeit. Effizient, flexibel, rationell	7 8
Arbeitet zeitaufwendig und unsystematisch. Verliert sich häufig im Detail	1 2
Hat gelegentlich Schwierigkeiten, systematisch zu arbeiten	3 4

Kommentar:

_____

_____

_____

Gesamt-Wertziffer (14–17)

Gesamt-Wertziffer	Anzahl der Bewertungskriterien	Gewichtungsfaktor	II. Persönlichkeitsbild – Wertzahl
	: 4 =	× 30	=

III. Leistungsbild

18. Fachliches Können

Produkt-, Markt- und Kundenkenntnisse anwenden, selbständiges Finden brauchbarer Lösungen

	Wertziffer
Besitzt fachliches Können, beherrscht die Materie seines Aufgabenbereiches	5 6
Verwertet sein solides fachliches Können in der täglichen Praxis. Kunden und Kollegen suchen seinen Rat	7 8
Den fachlichen Aufgaben unzureichend gewachsen	1 2
Sichere Beherrschung des Arbeitsbereiches. Sein Wissen macht ihn bei allen Kunden zu einem akzeptierten Gesprächspartner	9 10
Entspricht nicht voll den Anforderungen. Es bestehen noch fachliche Lücken	3 4

Kommentar:

_____

_____

_____

19. Planungsfähigkeit

Selbständige Tourenplanung, Vorbereitung von Aktionen und Besuchen, Beachten und Durchdenken der Einzelheiten

Beschreibung	Wertziffer
Unzureichende Arbeitsplanung und -vorbereitung. Denkt nicht voraus	1 / 2
Kann nach vorgegebenen Zielen eine Arbeits- und Tourenplanung durchführen. Bereitet sich auf Aktionen und Besuche vor	5 / 6
Arbeitet selbständig, rationell und vorausschauend. Hat Blick für das Wesentliche	9 / 10
Kann mit gelegentlicher Hilfe überwiegend ohne Anleitung die Arbeit planen	3 / 4
Arbeitet nach durchdachtem Plan, ist gut vorbereitet	7 / 8

Kommentar:

_____
_____
_____

20. Verkäuferische Fähigkeiten

Verkaufsgesprächsführung, Distribution, Merchandising, Warenbevorratung, Einsatz von Konditionen

	Wert-ziffer

Als erfahrener Verhandlungstaktiker bei den Kunden geschätzt. Nutzt sehr gut alle Möglichkeiten in den Aufgaben Distribution, Merchandising, Verkauf und dem selektiven Einsatz der Konditionen	9	10
Die Kunden erkennen ihn an. Führt befriedigende Verkaufsgespräche. Erfolge bei den verkäuferischen Aufgaben	5	6
Kann sich im Gespräch nicht durchsetzen. Nutzt die Möglichkeiten bei den verkäuferischen Aufgaben unzureichend	1	2
Befriedigende Verkaufsgesprächsführung, die in schwierigeren Situationen nicht immer ausreicht. Erfolge bei den verkäuferischen Aufgaben. Nutzt gelegentlich nicht die gebotenen Möglichkeiten	3	4
Führt erfolgreiche Verkaufsgespräche. Gute Wahrnehmung der verkäuferischen Aufgaben	7	8

Kommentar:
_____
_____
_____

21. Entscheidungs- und Verantwortungsbereitschaft

Stehen zu getroffenen Entscheidungen, Übernahme von Verantwortung, Verantwortungsbewußtsein für Aufgaben, Bezirk, Ergebnis

	Wertziffer	
Verantwortung wird gern übernommen. Steht zu seinen Entscheidungen	7	8
Übernimmt nur mit Bedenken Verantwortung, zu Routineentscheidungen bereit	3	4
Ist freiwillig bereit und fähig, Verantwortung zu übernehmen und selbständig zu entscheiden. Steht zu seinen Entscheidungen	9	10
Ist bereit, Verantwortung zu übernehmen. Seine Entscheidungsfreiheit könnte ausgeprägter sein	5	6
Übernimmt keine Verantwortung. Bei Entscheidungen unsicher	1	2

Kommentar:
_____
_____
_____

22. Kostenbewußtes Arbeiten

*Pflege Firmeneigentum,
Arbeitsunterlagen, VF-Material, Telefon,
Porto, Kfz*

	Wertziffer	
Behandelt Firmeneigentum nicht immer pfleglich. Kostendenken nicht stark ausgeprägt	3	4
Geht mit Firmeneigentum gleichgültig um. Kosten liegen über dem Durchschnitt	1	2
Pflege des Firmeneigentums befriedigend. Verursacht keine vermeidbaren Kosten	5	6
Denkt und handelt im Firmeninteresse. Geht sorgsam mit allem Firmeneigentum um. Nutzt alle Möglichkeiten, um Kosten zu sparen	9	10
Behandelt alles Firmeneigentum nach den Richtlinien sorgfältig	7	8

Kommentar:
_____
_____
_____

23. Fortbildungsbereitschaft

Interesse und Wille zur Auswertung der internen Informationen, Fachzeitschriften und Fachbücher. Aufgeschlossenheit und Mitarbeit bei Seminaren. Annahme von Kritik und Anregungen

	Wertziffer
Interesse und Wille zur beruflichen Weiterbildung sind ausreichend. Nutzt nicht alle Informationsmöglichkeiten	3 4
Wertet Informationen umfassend aus. Zeigt sich interessiert an Weiterbildungsmaßnahmen	7 8
Entwickelt für seine Weiterbildung Eigeninitiative, zeigt sich besonders interessiert und lernbereit	9 10
Sieht Weiterbildung als notwendiges Übel an. Zeigt wenig Bereitschaft, interne Informationsmöglichkeiten zu nutzen	1 2
Nutzt die gebotenen Informations- und Weiterbildungsmöglichkeiten	5 6

Kommentar:
_____
_____
_____

24. Administratives Arbeiten

Tätigkeitsnachweise, Spesenabrechnungen, Karteiführung, Reklamationsquote

	Wertziffer
Gutes und vollständiges, administratives Arbeiten	7 8
Administrative Aufgaben werden nach den Richtlinien sehr sorgfältig erledigt. Macht konstruktive Verbesserungsvorschläge	9 10
Mängel in der Administration mit hoher Reklamationsquote durch Sach- und Flüchtigkeitsfehler	1 2
Befriedigende administrative Arbeitsweise mit verbesserungsfähiger Reklamationsquote	3 4
Hält die Richtlinien ein. Geringfügige Reklamationsquote	5 6

Kommentar:

25. Arbeitsergebnisse

Erreichung der Vorgaben und Ziele.
Ergebnisse in Verkauf- und Erreichung
Merchandisingaufgaben

	Wert-ziffer
Vorgaben und Ziele werden überschritten	7, 8
Vorgaben und Ziele werden überwiegend erreicht	3, 4
Vorgaben und Ziele werden unterschritten	1, 2
Vorgaben und Ziele werden wesentlich überschritten	9, 10
Vorgaben und Ziele werden erreicht	5, 6

Kommentar:

_____

_____

_____

Gesamt-Wertziffer (18–25)	

Gesamt-Wertziffer	Anzahl der Bewertungskriterien	Gewichtungsfaktor	III. Leistungsbild – Wertzahl
	: 8 =	× 50	=

Überblick über Gesamtbewertung

	Wertzahl
I. Persönlichkeitsbild	....
II. Verhaltensbild	....
III. Leistungsbild	....
Summe	_____

Mit dieser Bewertung liegt die tatsächliche Gesamtleistung

wesentlich unter dem Durchschnitt	○	(bis 200)
unter dem Durchschnitt	○	(201–400)
im Durchschnitt	○	(401–600)
über dem Durchschnitt	○	(601–800)
wesentlich über dem Durchschnitt	○	(801–1000)

C. Fördergespräch

Besondere Stärken des Mitarbeiters aufgrund dieses Gespräches:

_____
_____
_____

Wie kann das Ergebnis der Zusammenarbeitsbilanz verbessert werden?

                                            Beginn   Fertig   Erledigt
_____
_____

Stellungnahme des Mitarbeiters zu dieser Zusammenarbeitsbilanz:
Welche Wünsche hat der Mitarbeiter?

_____
_____
_____

_____   _____   _____
Unterschrift des Verkaufsleiters   Datum   Unterschrift des Mitarbeiters

Stellungnahme der Zentrale:

_____
_____
_____

_____   _____
Datum   Unterschrift

6 Entlohnung im Verkauf

Wer über Leistungsentgelt im Verkauf spricht, meint meistens Verkäufer an der Verkaufsfront oder auch Verkäuferinnen im Laden. Viel seltener hört man, daß auch Mitarbeiter der Verkaufsführung leistungsgerecht entlohnt werden. In manchen Unternehmen wird davon ausgegangen, daß ein gutes Gehalt alle Anreize einschließt. Andere Unternehmen meinen, daß die Wirkung finanzieller Anreize nicht abrupt aufhört, wenn der Mitarbeiter eine bestimmte Position erreicht hat. Das betrifft vor allem Verkaufsleiter; doch es gibt auch Unternehmen, die leitende Angestellte im Außendienst beschäftigen, und sie sollten nicht schlechter gestellt werden als andere Außendienstmitarbeiter.

Leitende Angestellte sollten nicht schlechter gestellt werden

Nach wie vor steht allerdings im Mittelpunkt des Interesses die breite Außendienstorganisation, deren leistungsbezogene Entlohnung maßgebend zum Verkaufserfolg beitragen kann. Allgemein gilt die Auffassung, daß Leistungsentlohnung dynamisch sein muß, denn nur dann kann sie zwingenden Situationen schnell genug angeglichen werden. Man ist sich auch einig darüber, daß die Entlohnung möglichst allen Mitarbeitern gerecht werden soll. Daneben sollte das Entlohnungssystem transparent sein, denn wenn das nicht der Fall ist, kann es zu Diskussionen kommen, die sich indirekt negativ auf das Verkaufsergebnis auswirken.

6.1 Starre oder dynamische Entlohnung?

Das leistungsunabhängige Gehalt ist die klassische Form der herkömmlichen, starren Entlohnung. Wird nur ein Fixum gezahlt, dann kommt dies dem leistungsunabhängigen Gehalt gleich. Gehalt oder Fixum zahlt man vor allem Reisenden und Ladenverkäufern. Auch Verkaufskräfte des Innendienstes werden vorwiegend durch Gehalt entlohnt. Es sind auch Einzelfälle bekannt, in denen freien Handelsvertretern eine Garantiesumme und darüber hinaus keine Provision oder sonstige Vergütung gezahlt wird (26).

Entlohnung durch Fixum ist einfach in der Anwendung und

bietet dem Mitarbeiter große Sicherheit. Fixum gilt aber als schwacher Leistungsanreiz, macht Kontrollen notwendig, wirkt als Leistungsbremse, ist eventuell ungerecht und kann unwirtschaftlich sein. Leistungsunabhängige, starre Entlohnungssysteme dürften kaum der Weisheit letzter Schluß sein. Große Unternehmen, wie z. B. Unilever, zahlen dennoch ausschließlich Fix-Einkommen und sind gut im Geschäft. Gewiß werden Mitarbeiter im Außendienst, die im festen Gehalt stehen, die damit verbundene Sicherheit schätzen und meistens auch gewillt sein, etwas mehr als ihre Pflicht zu tun. Aber wenn auch der materielle Anreiz zur Mehrleistung fehlt, wird es immer wieder nötig sein, ideellen Anreiz zu schaffen, wenn leistungsunabhängige Entlohnungssysteme zu Leistungssteigerungen führen sollen.

Auch ideelle Anreize sind nötig

6.1.1 Festgehalt und Fixum

Bei Entlohnungssystemen im Verkauf steht im Einzelhandel das Gehalt im Vordergrund, Fixum und Provision, wenn es um Außendienst geht. Gerade im Außendienst kann die Entlohnung aber viel differenzierter vorgenommen werden, denn dort gibt es bereits folgende traditionelle Entlohnungsformen:
– Fixum
– lineare Umsatzprovision
– progressive Umsatzprovision
– kombinierte Entlohnungsformen
– Mehrumsatzprovision
– Prämiensysteme. (27)

Welches Entlohnungssystem gewählt wird, hängt auch weitgehend davon ab, ob Reisende oder freie Handelsvertreter eingesetzt werden.

Wer freie Handelsvertreter einsetzt, im Sinne des Handelsgesetzbuches Kaufleute, darf nicht davon ausgehen, daß sie von vornherein kostengünstiger arbeiten, weil sie Spesen und Soziallasten selbst tragen. Trägt der Handelsvertreter diese Kosten, dann müssen seine Provisionen so bemessen sein, daß er alle anfallenden Kosten davon bestreiten kann und ihm ein lohnender Verdienst bleibt.

Ein Handelsvertreter, der z. B. Verlage vertritt, muß jährlich etwa 120 000 bis 150 000 DM einnehmen, da 30 bis 40 % davon schon zur Deckung der Kosten verwendet werden müssen (28). Berücksichtigen muß man auch, daß Handelsvertreter Gebietsschutz anstreben. Provisionen sind dabei für alle Verkäufe, die im Gebiet des Handelsvertreters zustande kommen, zu zahlen, nicht nur für die, die durch den Handelsvertreter zustande gekommen sind. Das kann so weit gehen, daß ein Handelsvertreter noch immer Provisionen aus seinem Gebiet bezieht, obwohl in diesem Gebiet auch Reisende des Unternehmens arbeiten. Der Handelsvertreter ist dann – wenn auch in geringerem Maße – am Umsatz der Reisenden beteiligt.

Gewiß kann bei der Vertragsgestaltung manche Einschränkung getroffen werden, doch muß man sich klar darüber sein, daß Handelsvertreter in bestimmten Gebieten, in bestimmten Branchen und auch in bezug auf Betriebsgrößen manchmal am längeren Hebel sitzen. Es ist durchaus möglich, daß ein Handelsvertreter kleineren Betrieben seine Bedingungen aufzwingt. Große Betriebe mit begehrten Produkten sind da in einer anderen Position, und manchem Unternehmen gelingt es, exklusive Verträge abzuschließen, die den Handelsvertreter sogar zu erheblicher Weisungsgebundenheit verpflichten.

Manchmal sitzt der Handelsvertreter am längeren Hebel

Bei der Auswahl eines Entlohnungssystems sind auch die *administrativen* Kosten zu berücksichtigen. Andere Systeme, wie z. B. die Profit-Center-Beteiligung, erfordern ein modernes Rechnungswesen. Einen guten Überblick gibt folgende Tabelle, eine Zusammenstellung von Finkenrath (29), der das BIV-Sprint-System für die Entlohnung im Vertrieb entwickelt hat, wobei die Abkürzung BIV Betriebswirtschaft im Verkauf bedeutet. Diese Übersicht zeigt, daß bei der Wahl eines Entlohnungssystems sowohl die angestrebten Ziele als auch die betrieblichen Möglichkeiten eine Rolle spielen.

	Das Fixum	Lineare Ums.-Prov.	Progr. Ums.-Prov.	Degr. Ums.-Prov.	Mehrumsatzprov.	Fixum+Ums.-Prov.	Stückprämien	Budgeterfüllung	Staffelprovision	PC-Beteiligung	PC-Pool-Beteil.
Einfache Anwendung	×	×			×		×			×	×
Mod. Rechnungsw. erforderl.										×	×
Verwaltungsumtriebe			×	×					×	×	
Schwacher Leistungsanreiz	×										
Mittlerer Leistungsanreiz		×			×			×	×		
Starker Leistungsanreiz			×		×					×	
Leistungsbremse	×			×							
Natürl. Steuer. Instrum.		×						×	×		
Evtl. unwirtschaftlich	×		×								
Evtl. ungerecht	×		×	×							
Ökonomisch			×		×				×	×	×
Starke Überwachung AD	×	×				×					
Große Sicherheit AD	×										
Relative Sicherheit AD		×				×					
Wenig Sicherheit AD		×	×	×	×						
DB muß bekannt sein									×	×	×
Tendenz gesunder Umsatz								×	×	×	×
Neid des Innendienstes			×								
Sozial fragwürdig		×	×	×	×						

Entlohnungssysteme

6.1.2 Leistungsorientierte Entlohnung

Leistungsbezogene Entlohnungssysteme, die sich nur auf die Provision beziehen, gelten in der Bundesrepublik leicht als sozial fragwürdig, weil sie dem Außendienstmitarbeiter wenig Sicherheit bieten. In den USA z. B. denkt man anders darüber. Solange das Einkommen stimmt, gibt es auch zufriedene Mitarbeiter. Die Gefahr bei der reinen Provisionsentlohnung liegt darin, daß Mitarbeiter, die in ein Provisionstief geraten, die Durststrecke materiell nicht durchhalten und oft seelisch nicht überwinden. Sobald sich ihnen eine sicherere Position bietet, werden sie deshalb diese annehmen, selbst bei weniger guten Verdienstaussichten. Das reine Provisionssystem ist also für das Unternehmen nicht so risikolos, wie es manchem scheint, denn die Kosten für neu einzustellende Mitarbeiter, die zudem eingearbeitet werden müssen, können enorm sein, wenn die Fluktuation hoch ist. Schon aus diesem Grund ziehen viele Unternehmen andere Systeme vor, ohne sich zu weit vom reinen Provisionssystem zu entfernen.

Der erste Schritt zur Garantiezahlung ist die verrechenbare Provisionsvorauszahlung. Dem Vertreter wird eine bestimmte Summe ausgezahlt, selbst wenn er mit seinen Provisionen diese Summe nicht erreicht. Übersteigen später die Provisionen die ausgezahlte Summe, werden Provisionen der ausgezahlten Summe zurückbehalten. Dieses Verfahren ist heute kaum noch zu praktizieren, denn auch der freie Handelsvertreter tendiert zu einer – wenn auch oft kleinen – Garantiezahlung.

In Großunternehmen, die über hundert Reisende beschäftigen, deren Jahreseinkommen zwischen 55 000 und 75 000 DM liegt, setzen sich diese Einkommen vorwiegend aus festen Gehältern zusammen. Etwa 15 bis 25 % der Einkommen bestehen aus variablen, leistungsbezogenen Zahlungen. Diese Zahlungen sind nicht nur Provisionen. Sie können auch ganz oder teilweise aus Prämien und Wettbewerbsgewinnen stammen. Das bezieht sich vor allem auf die Markenartikelindustrie. Allgemein gilt, daß der erfolgsabhängige Teil, also der über das Fixum hinausgehende, in etwa 70 % der Unternehmen mit kombiniertem Lohnsystem vom Umsatz abhängig ist, den der Reisende erzielt. Von allen Anreizformen nimmt dabei die Provision mit 64 % in der Industrie den ersten Platz ein, gefolgt von Prämien und einmaligen Jahresumlagen.

Universalsysteme gibt es nicht

Leistungsorientierte Entlohnungssysteme sind oft recht kompliziert. Mitunter sind tariflich fixierte Jahressonderzahlungen zu berücksichtigen, Zulagen für Sonderfunktionen oder Prämien für langjährige Betriebszugehörigkeit usw. Das wird von Betrieb zu Betrieb verschieden sein. Es gibt kein Universalsystem für alle Verkaufsorganisationen. Trotzdem empfehlen manche Autoren Faustregeln wie die folgende: »Die Anreizprämie für Verkäufer muß, wenn sie gut sein soll, mit dem Umsatz steigen, 5 % für die ersten hunderttausend Mark, 7,5 % für die zweiten hunderttausend Mark usw. Man ändere diese Skala auch dann nicht, wenn ein Verkäufer alle Grenzen sprengt und ein Vermögen dabei verdient. Denn das ist es ja, was die Firma will. Der Fall wird sich unter den Verkäufern herumsprechen, er wird sich bei den Frauen der Verkäufer herumsprechen und geradezu unglaubliche Ergebnisse zeitigen (30).«

Auf hohe Vertretereinkommen sollte man nicht neidisch werden

Diese Faustregel kann wahrscheinlich nicht jeder akzeptieren, doch sie enthält einen wichtigen Punkt, über den jedes Unternehmen nachdenken sollte. Es heißt, daß die Konditionen nicht geändert werden sollen, auch *wenn ein Verkäufer alle Grenzen sprengt und ein Vermögen dabei verdient.* Daran sollte man sich tatsächlich halten, doch in der Praxis wird nicht immer so verfahren. Verdient ein Vertreter tatsächlich ein Vermögen, stellt sich nur allzu schnell Neid ein, nicht nur bei Kollegen. Auch der Arbeitgeber stellt sich die Frage, ob es denn sinnvoll sei, daß ein Mitarbeiter soviel verdiene. Die Tatsache, daß dieser Mitarbeiter den Unternehmergewinn erheblich mehrt, wird nicht mehr richtig wahrgenommen. Sinnen und Trachten gehen eher dahin, die Einkünfte des erfolgreichen Mitarbeiters zu schmälern. Es geht dabei gar nicht immer darum, die hohen Einkünfte zu mindern, um selbst davon zu profitieren. Manchmal ist es bloßer Neid, der zwar nicht immer dazu führt, die Konditionen zu ändern, aber ausreicht, um Maßnahmen zu treffen, um die Arbeit des Mitarbeiters auf irgendeine Weise zu erschweren. Eine solche Einstellung scheint kaum glaublich, doch in der Praxis existiert sie nicht nur als Einzelfall.

Leistungsgebundene Entlohnungssysteme werden am besten *unternehmensspezifisch* angelegt. Dabei sollte man bestimmte Systemanforderungen stellen, jedoch nicht nur die Sicht des Unternehmens berücksichtigen. Wie solche Systemanforderungen aussehen können, zeigt sehr anschaulich ein Beispiel aus der Textilindustrie. Es handelt sich um einen sehr bekannten Markenhersteller, der etwa 200 Außendienstmitarbeiter beschäftigt. Eine Projektgruppe für Außendienstentlohnung hat dort herausgefunden:

»Das System muß erstens aus der Sicht des Unternehmens
- sich als Führungs- und Steuerungssystem des Außendienstes eignen und die Realisierung des Absatzplans fördern,
- im voraus berechenbar sein und sich im vorgegebenen Kostenrahmen bewegen,
- Leistungsreserven im Außendienst aktivieren, die Zufriedenheit verbessern und den Spaß an der Arbeit fördern,
- vom Außendienst als gerecht empfunden werden, die Gleichbehandlung der Mitarbeiter sicherstellen und
- über mindestens 3–4 Jahre unverändert bleiben.

Sodann muß das System aus der Sicht des Außendienstes
- leicht verständlich und nachvollziehbar sein, z. B. einheitlicher Provisionssatz pro Produktgruppe ergibt Vergleichbarkeit,
- Konstanz des Prozentsatzes und Bezirks über mehrere Jahre stellt keine Einkommensbegrenzung nach oben dar, Spitzeneinkommen bedingen sichtbare Umsatzmehrleistung,
- Leistungsanreize bieten und darf kein Hindernis darstellen,
- die Gleichbehandlung der Produktgruppe sicherstellen und
- gute Einkommensmöglichkeiten bieten und verbesserte Einkommenschancen aufzeigen.« (31)

Wenn es sich hier auch um einen unternehmensspezifischen Ansatz handelt, so gibt es doch vieles mit allgemeiner Gültigkeit. Von welchen Ansätzen man aber auch ausgeht, immer sollte man berücksichtigen, daß der Lohn nicht der einzige Kostenfaktor ist und nicht der einzige Anreiz. Auch Spesen und Aufwandsentschädigungen spielen eine nicht zu unterschätzende Rolle.

6.2 Die Bedeutung von Sozialleistungen

Sozialleistungen haben zusätzliche Anziehungskraft

Die Gewichtung von Sozialleistungen im Zusammenhang mit einem Arbeitsverhältnis einzuschätzen, wird immer davon abhängen, wieweit der einzelne sie aus seiner ganz persönlichen Situation sieht. Dessen ungeachtet haben gewährte Sozialleistungen durchaus zusätzliche Anziehungskraft. Dabei kann es sich um Alters- oder Krankenversicherung, gute Kantinenversorgung oder beispielsweise im Handelsbereich um Personalrabatte oder im Industriesektor um Deputate handeln.

Speziell auf den Außendienst bezogen nimmt die Regelung der *Privatnutzung* des Dienstwagens oft eine zentrale Stellung ein. In der Praxis ist die Spannweite dabei groß. Sie reicht vom Verbot der Privatnutzung bis zur großzügigen Bereitstellung auch im privaten Bereich. In der großzügigsten Auslegung sind diese Privatkilometer unlimitiert und schließen auch die Nutzung für die Urlaubsreise ein. Eine Selbstbeteiligung des Mitarbeiters an Kraftstoff, Wartungs- oder Reparaturkosten, selbst bei eigenverschuldetem Unfall, entfällt. Gebräuchlich ist es auch, die Außendienstmitarbeiter durch eine Gruppenversicherung gegen Unfall oder Tod zu versichern. Auch hier gibt es Unternehmen, die die dafür anfallenden Kosten ganz oder teilweise übernehmen.

Wieweit solche Sozialleistungen zum Eintritt in ein Unternehmen oder zum Verbleiben den Ausschlag geben, wird immer nur individuell zu entscheiden sein.

6.3 Die Rolle von Spesen und Aufwandsentschädigung

Kosten, die neben der Entlohnung entstehen, werden bei Außendienstmitarbeitern besonders deutlich, wenn der Aufwand für Außendienstfahrzeuge durchleuchtet wird. Unternehmen geben pro Außendienstfahrzeug und Jahr zwischen 13 000 und 15 000 DM aus. Ob die Fahrzeuge der Firma gehören, von der Firma geleast sind oder den Außendienstmitarbeitern gehören, die Kosten lassen sich per Saldo nur

Entlohnung im Verkauf

unwesentlich verändern. Trotzdem können sich nicht viele Unternehmen dazu entschließen, ihre Außendienstmitarbeiter mit öffentlichen Verkehrsmitteln auf die Reise zu schicken.

»Als Hauptvorteil für den Einsatz von Firmenwagen nennen die Unternehmen die Motivation der Verkäufer durch die Nutzung des Firmen-Pkws (32)«. Außendienstmitarbeiter, die vor der Wahl stehen, eine neue Stelle anzunehmen, entscheiden sich manchmal spontan für das Unternehmen, das ihnen den aufwendigeren oder prestigefördernden Wagen zur Verfügung stellt. Dabei ist nicht unerheblich, daß der zukünftige Mitarbeiter glaubt, daß Unternehmen, die in bezug auf Dienstfahrzeuge großzügig sind, auch sonst nicht kleinlich sein können.

Mit der Beurteilung der Tages- und Übernachtungsspesen ist es nicht anders. Etwa 20 % der Firmen regeln z. B. Übernachtungsspesen nach den steuerlichen Sätzen, 10 % nach eigenen, niedrigeren Sätzen, 1 % nach eigenen, höheren Sätzen. 69 % rechnen nach Einzelbeleg ab. Bei den Tagesspesen liegen nur wenige Firmen über dem offiziellen Steuersatz, doch einige versuchen auch, durch großzügige Spesenleistungen attraktiv zu sein.

Bei den Telefonspesen gehen immer mehr Firmen dazu über, der einfachen Abrechnung wegen den Mitarbeitern einen festen Betrag zur Verfügung zu stellen, wenn das Privattelefon auch für Dienstgespräche des Außendienstmitarbeiters genutzt wird.

Entgegenkommen des Unternehmens kann sich als Anreiz erweisen, kann aber auch das Gegenteil bewirken. Das hängt davon ab, ob den Mitarbeitern eindeutig klar ist, daß Spesenbezug noch keine Leistung ist und daß solche Kosten über die Entlohnungskosten hinaus nur tragbar sind, wenn sie zu rationell erzielten Umsätzen führen. Zudem sollten Spesen und Aufwandsentschädigungen nicht als Köder dienen. Das beweist auch die Kosten-Leistungs-Analyse.

»Will man die Leistung des Außendienstes auf seine Effizienz beurteilen, so ist es notwendig, den Kosten eine Reihe von

Leistungsdaten gegenüberzustellen. Hierzu gehören z. B. folgende Schlüsselgrößen:
- Umsatz bzw. Deckungsbeitrag
- Zahl der Besuche
- Zahl der Aufträge
- Zahl der Kilometer
- Zahl der Reisetage.

Daraus lassen sich folgende Kennzahlen entwickeln:
Umsatz bzw. Deckungsbeitrag
- je Kunde
- je Auftrag
- je Besuch

Gefahrene Kilometer
- je Kunde
- je Auftrag
- je DM 100 Umsatz/Deckungsbeitrag
- je Reisetag

Gesamtkosten
- je Kunde
- je Auftrag
- je Kilometer
- je DM 100 Umsatz/Deckungsbeitrag
- je Reisetag.« (33)

Wer diese Gedanken weiterentwickelt oder an eigene Verhältnisse anpaßt, erkennt die Bedeutung von Spesen und Aufwandsentschädigung und findet auch Ansätze zu effizienteren Entlohnungssystemen, die Anreiz und Geschäftserfolg bringen.

7 Förderung von Mitarbeitern

Mitarbeiter zu fördern ist ein Auftrag, der sich in nahezu allen Führungsgrundsätzen oder -leitlinien wiederfindet, die sich Unternehmen gegeben haben. Doch unabhängig davon werden sich die Verantwortlichen für die Effizienz von Verkaufsorganisationen schon immer überlegt haben, wie sie ihre Mitarbeiter fördern können, um auch auf diesem Wege die Organisation zu qualifizieren, zu motivieren und, wo die entsprechenden Voraussetzungen vorhanden sind, Führungsnachwuchs heranzubilden. Förderung bedeutet dabei im Grundsatz immer Weiterentwicklung und Verbesserung der Qualifikation, nicht aber automatisch Beförderung.

Das Spektrum der Möglichkeiten, Mitarbeiter zu fördern, ist weit. Die Möglichkeiten, die, im einzelnen betrachtet, oft wenig spektakulär sind, werden in der Realität nur zu einem Teil genutzt. Die Gelegenheiten dazu finden sich oft im Alltäglichen. Mehr Verantwortlichkeit und Kompetenz als Bestandteil des Arbeitsauftrags des Mitarbeiters sind Möglichkeiten zur Entwicklung und Entfaltung. Immer vorausgesetzt natürlich, daß die Mitarbeiter ihren Fähigkeiten entsprechend eingesetzt werden. Bei jüngeren Mitarbeitern sollte darauf geachtet werden, sie möglichst frühzeitig an Aufgaben heranzuführen, an denen sie wachsen können, und nicht zu warten, bis sie sich über einen – vielleicht zu langen – Zeitraum in ihrer Aufgabe bewähren sollen. Doch auch ältere Mitarbeiter sind, wenn sie auch nur einigermaßen ihren Beruf mögen, empfänglich dafür, daß ihnen etwas zugetraut wird. Gerade auch dann, wenn sie sich vielleicht damit abfinden müssen und abgefunden haben, daß sie nach derzeitiger Einschätzung keine Aufstiegschancen mehr haben.

Trauen Sie Ihren Mitarbeitern gute Leistungen zu

Das Mitarbeitergespräch, das in hinlänglich dichter Folge u. a. Gelegenheit zu Anerkennung und Kritik bietet, sollte auch dazu genutzt werden, im gegenseitigen Austausch darzulegen, welche Entfaltungsmöglichkeiten der Mitarbeiter hat und inwieweit das Unternehmen und der Vorgesetzte durch die Beurteilung des Mitarbeiters Chancen für eine Realisierung sehen.

Mitarbeiter in konzeptionelle Arbeiten einzubeziehen, ist ein *wesentliches* Merkmal der kooperativen Führung. Doch auch unabhängig von der Forderung, wie sie sich vielleicht durch Führungsgrundsätze eines Unternehmens ergeben mag, gebietet es nüchterne Überlegung, Mitarbeiter auch im Konzeptionellen mitwirken zu lassen. Wenn er sich dabei als eine Art Unternehmer im Unternehmen mit den seiner Aufgabe angepaßten *Entfaltungsmöglichkeiten* sieht, darf man gewiß manchen nützlichen Beitrag erwarten. Daß er sich einem Ziel stärker verhaftet fühlt, an dessen Erreichung er selbst hat mitarbeiten können, ist eigentlich eine Selbstverständlichkeit.

Auf die vielfältigen Möglichkeiten, Mitarbeiter durch gezielte Trainingsmaßnahmen zu fördern, wird noch näher eingegangen.

Glanzvolle Karrieren in Außendienstorganisationen sind eher selten. Schon das Zahlenverhältnis zwischen Außendienstmitarbeitern und Führungspositionen in Verkaufsorganisationen bringt organisatorische Hindernisse. Dazu kommt, daß Außendienstmitarbeiter häufig an einem Aufstieg in der Führungshierarchie wenig Interesse zeigen. Die Freiheit ihres Berufs mit den oft größeren Entfaltungsmöglichkeiten gegenüber dem Innendienst und das Bewußtsein einer gewissen Selbständigkeit stellt sie zufrieden.

Auf die Tatsache, daß nicht *jeder* Außendienstmitarbeiter die berufliche Erfüllung darin sieht, in der Hierarchie aufzusteigen, muß sich auch die Art der Führung und Motivation einstellen. Sie muß den Rahmen deutlich machen, innerhalb dessen Entfaltung der Mitarbeiter möglich und erwünscht ist. Es geht um die Frage, *wie* der Außendienstmitarbeiter in seiner Verkaufsaufgabe einer beruflichen Verwirklichung möglichst nahekommen kann.

Auf Führungsaufgaben muß man aber auch vorbereiten

Jedes Unternehmen braucht neben einer motivierten und effizienten Verkaufsmannschaft auch Verkaufsleiter oder Chefvertreter. In Deutschland gibt es den Verkäufer im Außendienst weder als Lehrberuf noch als öffentlich anerkanntes Studium für den Führungsbereich. Führungskräfte im Vertrieb, die eine Hochschulausbildung haben, begannen ihr Studium in den wenigsten Fällen mit dem Ziel, Führungsaufgaben im *Verkauf* zu übernehmen. Bisher ist der übliche Weg zum Verkaufsleiter entweder über den Aufstieg im eigenen Unternehmen oder den Eintritt als bereits fertiger Verkaufsleiter – von einer fremden Organisation kommend – gewesen.

Es entspricht den Grundsätzen der meisten Unternehmen, grundsätzlich den eigenen Mitarbeitern die Aufstiegschancen zu geben. Wenn ständig Verkaufsleiter von außen engagiert werden, besteht leicht die Gefahr, daß die Mitarbeiter, die aufsteigen möchten, keine realen Chancen dafür sehen. Besonders erfolgreiche Außendienstorganisationen sind jedoch damit gut gefahren, *geeigneten Führungsnachwuchs zu fördern* und gestandene Verkaufsleiter für die Aufgaben ins Unternehmen zu holen, für die entsprechend qualifizierte Mitarbeiter aus eigenen Reihen nicht zur Verfügung standen. Diese »Blutauffrischung« hat sich dann oft genug auch dadurch bewährt, daß mit den Neuen auch neue Impulse und Ideen ins Haus kamen. Je höher die Stufe der neu zu besetzenden Stelle in der Hierarchie steht, um so kritischer muß geprüft werden, ob ausschließlich nur der eigene Nachwuchs für die Position in Betracht kommen soll.

8 Mitarbeiterförderung durch Training und Weiterbildung

Es wird heute wohl nicht mehr bestritten, daß betriebliche Weiterbildung Mitarbeiterleistungen steigern kann. Zudem ist offensichtlich, daß Mitarbeiter sich durch betriebliche Weiterbildungsmaßnahmen gefördert sehen. Auch deshalb dürfen betriebliche Weiterbildungsmaßnahmen nicht als Alibiveranstaltungen betrachtet werden. Im Gegenteil, man sollte sie bewußt stärker nutzen. »Ein wirksamer Weg, die betriebliche Weiterbildung zu stärken, liegt darin, Weiterbildung nicht als sporadische Erscheinung, sondern als *kontinuierlichen* Prozeß zu betrachten. Was heute schon in Großbetrieben vielerorts verständlich sein mag, sollte auch in Mittel- und Kleinbetrieben Eingang finden, denn gerade diese Betriebsgrößen werden mehr als zuvor auf das Können und die Loyalität ihrer Mitarbeiter angewiesen sein.« (34)

Auch von der Güte des Verkaufstrainings kann der Verkaufserfolg abhängen

Was für die betriebliche Weiterbildung allgemein zutrifft, *gilt erst recht für den Verkauf,* und es gibt fast keine Verkaufsorganisation, die nicht von einem kontinuierlichen Verkaufstraining profitieren könnte. Da aber der Verkaufserfolg oft auch von der Effizienz des Verkaufstrainings abhängt, sollen hier weitere Hinweise folgen, die bei der Durchführung rationeller Weiterbildungsveranstaltungen im Verkauf nützlich sein können.

8.1 Grundzüge des Verkaufstrainings

Beim Verkaufstraining gelten zuerst einmal didaktische Grundsätze, die auch bei anderen Lehrveranstaltungen berücksichtigt werden müssen. So muß jedem von vornherein klar sein, daß nur solche Lehrinhalte an die Lernenden gelangen können, die von den Trainierten auch wirklich verstanden werden. Das gilt für den Inhalt als auch für die Übermittlungsform. Bei Direkttraining – also mit einem Trainer etwa – heißt das, der Trainer muß in *allen* seinen Äußerungen so deutlich sein, daß die *vollständigen* Lehrinhalte von den Trainierten aufgenommen werden können. Was

Training und Weiterbildung

z. B. durch undeutliches Reden unverständlich bleibt, kann als nicht gesagt gelten, fehlt dem Lehrblock oder irritiert und führt zu Mißverständnissen. Auch alle Fragen der Motivation sind nicht anders zu beantworten als im üblichen Sinne. Ebenso ist es mit dem Trainingsaufbau. Es ist klar, daß man vom Gewußten zum Neuen geht und nicht umgekehrt, daß feed back da sein muß und daß heute in jeder Form der Wissensvermittlung Monotonie ausgeschaltet werden sollte. **Monologe sollen im Training vermieden werden**

Was sonst während der betrieblichen Bildungsarbeit noch berücksichtigt werden muß, so etwa die Zielsetzung, kann beim speziellen Verkaufstraining etwas anders liegen. Spielt bei der allgemeinen betrieblichen Bildungsarbeit z. B. die Frage eine Rolle, ob Generalisten oder Spezialisten herangebildet werden sollen, dann ist diese Frage beim Verkaufstraining von vornherein gelöst, denn es geht ja darum, Verkaufsspezialisten weiterzubilden oder aus Berufsfremden letzten Endes Verkaufsspezialisten zu machen. Das besagt aber noch lange nicht, daß man deshalb *alle* Randgebiete vernachlässigen kann. Besonders die den Verkauf tangierenden *Marketingbereiche* sollten auch beim Verkaufstraining eine Rolle spielen.

Falls Sie sich zum Verkaufstraining entschließen, sollten Sie sich vor allem klar darüber sein, *was* durch das Training erreicht werden soll. Dazu müssen Sie auch wissen, was man durch Training generell erreichen und nicht erreichen kann. **Setzen Sie Trainingsziele**

Verkaufstraining verspricht eine intensivere Nutzung aller Marketingbemühungen. Training kann den Umsatz festigen, kann sogar Umsatzsteigerungen hervorrufen und zu Leistungssteigerungen durch Mehrwissen führen. Natürlich sind auch Leistungssteigerungen durch bessere Motivation möglich, und sogar die Umsatzgeschwindigkeit kann durch gutes Training beschleunigt werden. Die stärkere Solidarität zum eigenen Unternehmen ist nicht zu verachten und besonders dann gefragt, wenn es darum geht, die Konkurrenz abzuwehren oder sich in der Öffentlichkeit für die Firma einzusetzen.

Das alles sind Ziele, die durch Verkaufstraining erreicht werden können. Aber es gibt auch einiges, was durch Verkaufstraining *nicht* erreicht werden kann. So kann Verkauf-

Verkaufstraining kann keine ordentlichen Angebote ersetzen

straining niemals Ersatz für schlechte Führungsarbeit sein und auch kein Ersatz für mangelhafte Bezahlung. Ebenso kann Verkaufstraining kein fehlendes Marketingkonzept ersetzen oder unattraktive Angebote attraktiver machen. Gewiß, man kann durch Verkaufstraining auch für miserable Angebote Argumente finden, aber auf die Dauer wäre das ebenso unwirksam, als wenn man Verkaufstraining als Ersatz für eine unvernünftige Preispolitik betrachten würde.

Wenn Sie sich dazu entschließen, Verkaufstraining durchzuführen, dann müssen Sie aber auch noch an viele andere Dinge denken, und manches, was wichtig ist, werden Sie nicht vergessen, wenn Sie sich Fragen wie die folgenden stellen:
»– Was will der Kurs?
– Wie weit paßt er in ein größeres Programmkonzept?
– Was hat man bisher geboten?
– Wie soll methodisch vorgegangen werden?
– Welche Schulungshilfsmittel sind einzusetzen?
– Wie läßt sich die gebotene Theorie durch praktische Übungen bestätigen?
– Wie müssen letztere angelegt sein, um zum Schulungserfolg zu führen?
– Welche schriftlichen Ausgangsinformationen sind vorzubereiten und z. B. an Rollenspieler wann abzugeben?
– Wie weit sind Repetitionen im Programm zu integrieren?
– Sind Tonbildschauen und Fallstudien für die betreffenden Themen verfügbar?
– Sollen auch ›verwandte Orte‹ eingeladen werden, wie z. B. interne Verkäufer, Telefonsachbearbeiter, Verkaufssekretärinnen, Demonstranten, technische Berater oder gar Einkäufer?« (35)

Allerdings nützt das Wissen um diese Dinge wenig, wenn Sie sich nicht entschließen, Verkaufstraining durchzuführen. Zwar ist es so, daß heute kaum jemand bestreitet, daß betriebliche Weiterbildungsveranstaltungen Nutzen bringen, aber an der praktischen Umsetzung dieser Erkenntnis mangelt es doch noch oft, und besonders bedrohend wirkt sich das im Verkaufsbereich aus, was folgender Hinweis bestätigt:

»Seit Anfang 1982 läuft eine Untersuchung im Rahmen von

bis jetzt rund 100 Verkaufstrainingsveranstaltungen mit über 2 000 Teilnehmern, die das Verhalten der Verkäufer in der Praxis untersucht. Die bisherigen Ergebnisse zusammengefaßt: 51,25 % der teilnehmenden Verkäufer, alle aus Verkaufsorganisationen erster Adressen der deutschen Industrie – vorwiegend industrielle Zulieferung und Investitionsgüter – sind den Anforderungen der Zukunft nicht gewachsen. Nur 10,08 % besitzen eine hohe und aussichtsreiche Qualifikation dafür.« (36)

Es gibt allerdings noch vernichtendere Urteile, die durch Untersuchungen belegt werden können. So konnte man kürzlich lesen: »Deutschlands Verkäufer sehen in erster Linie an sich *Beamtentugenden.* Sie fühlen sich als pflichtbewußt, verantwortungsbewußt, zuverlässig und fleißig. Durch Managertugenden wie Durchsetzungsfähigkeit, Selbstsicherheit, Aktivität und Diskussionsfreude fühlen sie sich viel weniger treffend charakterisiert.« (37)

Nun, niemand wird etwas gegen Zuverlässigkeit, Fleiß und Verantwortungsbewußtsein haben, doch der Gedanke an Verkaufsbeamte müßte doch jeden Vollblutverkäufer erschauern lassen.

Um die angeführten Urteile abzumildern, bedarf es auch verstärkter Trainingsarbeit, und dabei stehen Ihnen die verschiedensten Möglichkeiten zur Verfügung.

8.2 Verkaufstrainingsarten

In der Praxis denkt man zuerst an konventionelles Training, wenn man von Verkaufstraining spricht, also an Veranstaltungen mit Referenten, ein- oder mehrtägig, manchmal aber auch nur für Stunden. Das ist besser als nichts, jedoch nicht optimal. Wer trainiert, sollte ein *Trainingsprogramm* zusammenstellen und kontinuierliches Verkaufstraining anstreben.

Bescheidenes Training ist immer noch besser als gar keins

Training mit einem Trainer – denn so werden die Referenten im Verkauf meistens genannt – kann recht gut wirken, wenn der Referent pädagogisches Geschick besitzt und wenn er bei gründlicher Sachkenntnis die Leute mitzureißen versteht.

Man braucht nicht immer auf fremde Trainer zurückzugreifen. Das um so weniger, desto mehr innerbetriebliche Probleme Gegenstand des Trainings sind, sofern es sich um Themen handelt, die durch Eigenkompetenz abgedeckt werden können. Hier kommen wir von den konventionellen Trainingskursen bereits zu einer weiteren Trainingsart, nämlich zum »On the Job Training«. Dieses Training kann sehr gut durch Mitarbeiter der eigenen Unternehmung durchgeführt werden, wobei es allerdings manchmal notwendig wird – vor allem der Objektivität wegen –, fremde Trainer z. B. als Reisebegleiter einzusetzen.

Auf ein Einführungstraining sollte man nicht verzichten

On the Job Training hat oft etwas mit der Einführung zu tun, wird besonders dann eingesetzt, wenn neue Mitarbeiter von der Theorie zur Praxis geführt werden sollen. Es ist manchmal Teil des gesamten Einführungstrainings. Und hier muß schon darauf hingewiesen werden, daß ein besonders wichtiger Teil des Gesamttrainings aus Einführungsprogrammen bestehen sollte, vor allem dann, wenn oft mit Neueinstellungen oder gar mit starker Fluktuation zu rechnen ist. Dazu aber sogleich der Hinweis, daß eventuell auch mit dem Einführungstraining etwas nicht in Ordnung sein kann, wenn starke Fluktuation beobachtet wird. Vielleicht liegt das dann aber auch daran, daß es gar kein vernünftiges Einführungstraining gibt.

On the Job – und besonders beim Einführungstraining – trainiert man nicht nur mit Paradekunden. Im Einzelhandel stellt sich dieses Problem ohnehin selten, denn die Kunden werden ja nicht aufgesucht, sondern sie kommen meistens unerwartet und unangemeldet in den Laden.

Verkaufstraining braucht sich aber nicht immer ganz konkret mit dem Verkauf zu befassen. Es gibt auch verkaufswirksames Training, bei dem von Verkauf weniger die Rede ist. Denken Sie doch nur an reines Motivationstraining, an Anti-Angst-Training, an Kreativitätstraining und ähnliche Veranstaltungen, die durchaus absatzwirksam sein können. Nicht zuletzt muß hier das *Persönlichkeitstraining* genannt werden, das sehr verkaufsfördernd wirken kann.

Training ist nicht unbedingt eine Sache von Mensch zu Mensch. Man kann sich auch selbst trainieren, vor allem, wenn man vernünftige Trainingsunterlagen hat. Und hier muß ganz klar herausgestellt werden, daß Trainingsunterlagen das Training rationalisieren können. Doch da gibt es noch einige Anregungen, die wir ihrer Nützlichkeit wegen behandeln müssen.

8.3 Ökonomisierung des Verkaufstrainings

Gerade haben wir Trainingsunterlagen erwähnt, und auch vom Einführungstraining war schon die Rede. Das soll uns daran erinnern, daß man gerade bei der Einführung von Verkäufern und Vertretern von Trainingsunterlagen profitieren kann. Die gute alte »Verkaufsfibel« gibt es heute immer noch. Nur hat sie in manchem Unternehmen ihren Namen gewechselt und wird nun »Sales Manual« genannt. Nützlich ist eine solche Einführungsunterlage – unter welchem Namen auch immer herausgegeben – auf jeden Fall.

Im Sales Manual sollte man wichtige Hinweise über den Verkaufsablauf finden und auch nicht nur Hinweise auf die großen und kleinen Tricks, die beim Verkaufsabschluß helfen könnten. Ein Sales Manual sollte auch alle Vorzüge des Unternehmens, für das ein Neuling zu arbeiten beginnt, deutlich herausstellen. Es sollte bewirken, daß ein Neuer von vornherein ein Dazugehörigkeitsgefühl gewinnt, und nicht nur zeigen, wie man seine Angebote demonstriert oder wie man mit dem Auftragsblock umgeht. Darum spielen auch die Firmengeschichte eine Rolle, Referenzen und gegenwärtige Leistungen.

Anfänger sollte man nicht nur für die Angebote, sondern auch für das Unternehmen interessieren

Zur Ökonomisierung des Verkaufstrainings können auch spezielle Rundschreiben beitragen. Sogar Schemakorrespondenz kann eingesetzt werden, um aktuelle Trainingsthemen wachzuhalten. Wer ganz konsequent sein will, sollte diese Linie allerdings noch weiterverfolgen bis hin zum Ferntraining, denn von ihm gehen besondere ökonomisierende Effekte aus.

Fernunterricht hat sich heute bereits im Verkauf bewährt. Er ist
– kostengünstig,

- ermöglicht Lernen außerhalb der Arbeitszeit,
- erlaubt den Teilnehmern, selbst zu bestimmen, wann und wo gelernt wird,
- paßt sich dem persönlichen Lernrhythmus an,
- fördert Selbständigkeit, Eigeninitiative, Ausdauer, Selbstdisziplin und Organisationsvermögen,
- bietet überschaubare, einheitliche Lerninhalte,
- garantiert dem Anwender umfangreichen Verbraucherschutz,
- eignet sich auch für diejenigen, die Direktunterricht nicht schätzen,
- läßt sich unproblematisch in Weiterbildungsprogramme integrieren,
- garantiert durch kontinuierliche Impulse Langzeitwirkung,
- gewährleistet kontinuierliches Lernen ohne zusätzlichen innerbetrieblichen Aufwand.

Nun, wenn Sie diese Aufzählung gelesen haben, werden Sie wohl auch wissen wollen, was so ein Verkaufsfernkurs inhaltlich bieten kann. Dazu kann hier ein Beispiel gegeben werden, das sich in der Praxis bewährt hat, denn für das Unternehmen, das diesen Kurs auf den Markt gebracht hat, ist es nicht der erste Fernkurs, der erfolgreich eingesetzt wurde. Es handelt sich nämlich um den Reemtsma-Fernkurs »erfolgreich verkaufen«.

Wir wollen uns hier einmal genauer mit dem Aufbau dieses Kurses befassen, denn das gibt Ihnen Gelegenheit zu erfahren, wie Verkaufstraining – und nicht nur als Fernkurs – aufgebaut werden kann. Sie werden erkennen, welche Themen im Verkaufstraining wichtig sind, und Sie können sich sehr gut an diesem Beispiel orientieren, wenn es darum geht, eigene Trainingskonzepte zu entwickeln. Es gibt hier nämlich 15 Lehrstoffeinheiten, die in sich abgerundete Themen behandeln. Anregung genug, um viele weitere Programme auszuarbeiten, denn das, was in dem Kurs geboten wird, ist doch die Verdichtung eines an sich sehr weiten Feldes, Sie wissen ja, der Verkauf ist eine Sache, über die man fast bis ins Unendliche referieren könnte. Es lohnt sich also, das Folgende aufmerksam zu studieren:

I. Die Basis der Verkaufsarbeit
1. Besser verkaufen lernen
2. Die Stellung des Verkaufs im Marketing
3. Wichtige Verkaufsarten und Organisationsformen
4. Rechtliche Grundlagen der Verkaufsarbeit
5. Handelsvertreter, Agenten, Reisende, Verkäufer

II. Persönlichkeit und Verkaufserfolg
6. Kurzer Abriß der Persönlichkeitspsychologie
7. Persönlichkeitsanalyse und Anforderungsprofil
8. Eignung und eigene Einstellung
9. Positive Haltung – positive Ausstrahlung
10. Das äußere Erscheinungsbild

III. Grundlagen der Verkaufspsychologie
11. Persönlichkeit und zwischenmenschliche Beziehungen
12. Wahrnehmung, Vorstellungen, Aufmerksamkeit
13. Motivation als Grundelement des Verkaufs
14. Psychologische Aspekte von Waren und Dienstleistungen
15. Kundentypologie

IV. Rede- und Verhandlungstechnik
16. Die Suche nach den wirkungsvollsten Worten
17. Ansprechend formulieren
18. Gesten, Mimik, Körpersprache
19. Beobachten und zuhören
20. Verhandlungstaktik

V. Verkaufsvorbereitung
21. Kundenstamm und Neukunden
22. Beobachtung von Markt und Wettbewerbern
23. Sortiment, Verkaufsunterlagen, Muster
24. Fahrzeug, Reiseroute, Tourenpläne
25. Analyse der letzten Besuche und Verkaufsgespräche

VI. Der Verkaufsvorgang
26. Grundlagen des Verkaufsgesprächs
27. Vorbereitung von Verkaufsgesprächen
28. Kontakte zu Entscheidungsträgern

29. Wirksame und problematische Türöffner
30. Dauer von Verkaufsgesprächen

VII. Bedarf ermitteln, Bedarf wecken
31. Fragetechniken zur Bedarfsermittlung
32. Motive ergründen, Probleme erkunden
33. Analyse von Kundenwünschen zur Bedarfsermittlung
34. Situationsanalysen
35. Wirksame Schlußfolgerungen

VIII. Überzeugend argumentieren
36. Argumente gedanklich vorbereiten
37. Verständlich und logisch argumentieren
38. Kosten – Nutzen, Preis – Leistung
39. Keine Angst vor Diskussionen
40. Argumente konzentrieren

IX. Wirksam präsentieren
41. Grundsätze der Präsentations- und Demonstrationstechnik
42. Die Bedarfsanalyse für die Präsentation
43. Bedarfsgerecht präsentieren
44. Argumentation und Präsentation synchronisieren
45. Dramaturgie des Präsentierens

X. Kaufwiderstände abbauen
46. Ausreden und Einwände in Argumente umwandeln
47. Referenzen, neutrale Urteile, Verbindungen
48. Vertrauen zu schaffen ist besser, als Druck auszuüben
49. In Reklamationen stecken Chancen
50. Widerstandsphase durchstehen

XI. Abschlußtechnik
51. Abschlüsse beginnen mit der Kontaktaufnahme
52. Fragetechnik und Alternativstrategie
53. Abschlußsignale und Kaufbereitschaft
54. Entscheidungshilfen bieten, Abschlußangst abbauen
55. Vom Abschluß zum Neugeschäft

XII. Eigene Schwächen überwinden
  56. Planungs- und Vorbereitungsmängel verhindern
  57. Beurteilungsfehler und falsche Einschätzung vermeiden
  58. Mit Nervosität zurechtkommen
  59. Mangelnde Selbstbeherrschung zügeln
  60. Begeisterung und Überzeugungskraft stärken

XIII. Organisationsmittel nutzen
  61. Kartei- und Ablagetechnik
  62. Tages-, Wochen-, Monatsberichte
  63. Besuchsnotizen und Besuchsanalysen
  64. Terminplanung und Zielsetzung
  65. Salesfolder und Salesmanual

XIV. Mit Brief und Telefon verkaufen
  66. Kontaktbriefe, Erinnerungsbriefe, Nachfaßbriefe
  67. Werbende Angebote
  68. Das Telefon als Verkaufshelfer
  69. Wirksam telefonieren
  70. Am Telefon verkaufen

XV. Verkauf im Laden
  71. Sachkunde, Warenkenntnis, Lagerkenntnis
  72. Die Atmosphäre des Arbeitsumfeldes
  73. Nicht aufdrängen – beraten
  74. Kauferlebnisse schaffen
  75. Verkaufserfolg langfristig sichern

Nun, umreißt das nicht fast alles, was im Verkauf wichtig ist? Davon sind inzwischen viele überzeugt, denn der Kurs hat sich nicht nur innerhalb der Reemtsma-Gruppe bewährt, hat nicht nur das Zulassungssiegel der Staatlichen Zentralstelle für Fernunterricht erhalten, sondern wird vor allem von vielen anderen Unternehmen eingesetzt. Ebenso ist es den anderen Reemtsma-Fernkursen (99 Tage Training und Führung und Zusammenarbeit) ergangen, und bis heute wurden Reemtsma-Fernkurse von über 400 Unternehmen genutzt.

Auch für Sie wäre das eine gute Trainingsmöglichkeit, wenn Sie Ihr Verkaufstraining rationalisieren wollen. Vor allem dann, wenn es Ihnen nicht um ein Strohfeuer geht, nicht um das *einmalige* Anfeuern des Verkaufsstabs, sondern um *Langzeitwirkung*, die andererseits das Trainingsbudget nicht immer wieder belastet. Denn Training ist mit Kosten verbunden, und auch das ist ein Aspekt, der ebenso beachtet werden muß wie der Zeit- und Umsatzfaktor.

Sie sehen, es gibt viele Möglichkeiten, Mitarbeiter im Verkauf zu finden und zu fördern, zu motivieren und zu noch besseren Leistungen zu bringen. Es bedarf allerdings einer Voraussetzung: Man muß von den Möglichkeiten Gebrauch machen.

Literaturnachweis

(1) Töpfer, A.; Zander, E.; Schwerpunkte der Personalführung, in: Personalführung in einer Unternehmensgruppe (Hrsg. Töpfer, A.; Zander, E.), Frankfurt 1982, S. 1.

(2) Naumann, Carlheinz; Die Verkäufer von morgen, in: Management heute, Bad Harzburg 10/84, S. 21.

(3) Cristofolini, Peter M.; Verkaufsförderer, ein Berufsbild, BDVT, Meerbusch 1981, S. 11.

(4) Schwalbe, Heinz; Zander, Ernst; Schneller, besser, mehr verkaufen, Heidelberg 1986, S. 77.

(5) Autorenteam; Erfolgreich verkaufen, Hamburg 1985, S. 7.5 f. (ein Reemtsma-Fernkurs)

(6) Beyer, Ulrich; Erfolgreich verkaufen, in: Reeport, Hamburg 4/1985, S. 12.

(7) Schwalbe, Heinz; Zander, Ernst; a. a. O., S. 80 f.

(8) Zander, Ernst; Zusammenarbeit mit Beratern in Klein- und Mittelbetrieben, 2. Auflage Freiburg 1983, S. 110.

(9) Zander, Ernst; Führung in Klein- und Mittelbetrieben, 5. Auflage, Freiburg 1986, S. 47.

(10) Knebel, Heinz; Das Vorstellungsgespräch, 9. Aufl., Freiburg 1987, S. 171.

(11) Koinecke, Jürgen; Wilkes, Malte W.; Moderne Vertriebspolitik, München 1978, S. 105 ff.

(12) Koinecke, Jürgen; Wilkes, Malte W.; a. a. O., S. 33 ff.

(13) Vanderhuck, Rudolf W.; Führung und Motivation von Außendienstmitarbeitern, Landsberg/Lech 1981, S. 35.

(14) Biel, Alfred; Controlling im Handel, in: controller magazin, 2/84, S. 69 ff.

(15) Finkenrath, Rolf; Mehr Gewinn durch gewinnorientierte Entlohnung im Vertrieb, Zürich 1978, S. 43.

(16) Pott, Oskar W.; Leistungssteigerung im Außendienst – durch rationellen Einsatz und systematisches Steuern der Verkäufer, in: Management heute, Bad Harzburg 4/1982, S. 33.

(17) Zarth, H. R.; Kosten sparen im Vertrieb, in: Markenartikel, Wiesbaden 1/1983, S. 26.

(18) Unger, Fritz; Marktorientierte Leistungskriterien im Außendienst, in: Verkauf und Marketing, Heerbrugg 9/1984, S. 51.

(19) Alker, Kruyt; Lawson, Stegemann; Marketing informatic, Alphen an den Rhijn/Brüssel 1977, S. 20 ff.

(20) Autorenteam; Erfolgreich verkaufen, Hamburg 1983, S. 63.2 (ein Reemtsma-Fernkurs).

(21) Blanchard, Kenneth; Lorber, Robert; Putting the One Minute Manager to Work, New York 1982, S. 36 ff.

(22) Townsend, Robert; Hoch lebe die Organisation, München/Zürich 1970, S. 28.

(23) Neiss, H.; Lübeck, P.; Allgemeine Leistungsbewertung und Leistungsprämiierung im Außendienst, in: Personalführung in einer Unternehmensgruppe, Hrsg. Töpfer/Zander), Frankfurt 1982, S. 99 ff.

(24) Unger, Fritz; Marktorientierte Leistungskriterien im Außendienst, in: Verkauf und Marketing, Heerbrugg 9/1984, S. 53 (zitiert nach Lebensmittelzeitung).

(25) Kolzen, H. P.; Leistungsbeurteilung im Außendienst, in: Personalführung in einer Unternehmensgruppe (Hrsg. Töpfer/Zander), Frankfurt 1982, S. 140 ff.

(26) Heinold, E.; Schroeder, W.; Der optimale Außendienst, Hardebek 1981, S. 60.

(27) Finkenrath, Rolf; Mehr gewinnen durch gewinnorientierte Entlohnung im Vertrieb, München 1978, S. 7.

(28) Heinold, E.; Schroeder, W.; a. a. O., S. 61.

(29) Finkenrath, Rolf; a. a. O., S. 154.

(30) Townsend, Robert; a. a. O., S. 209.

(31) Schumann, Hartmut; Warum wir die Entlohnung des Außendienstes revidierten, in: Management-Zeitschrift io 53, Zürich 1/1984, S. 47.

(32) Ohne Verfasser; Außendienstfahrzeug kostet DM 13 000 im Jahr, in: Markenartikel, Wiesbaden 1/1983, S. 24.

(33) Tschmarke, Ralf; Mehr Effizienz im Außendienst, Neue Wirtschaft, Hamburg 1981, S. 15.

(34) Schwalbe, Heinz; Zander, Ernst; Zukunftsperspektiven, in: Fernkurse in der betrieblichen Weiterbildung (Hrsg. Schwalbe/Zander), Zürich 1984, S. 149 f.

(35) Scheitlin, Victor; Verkaufsschulung aus moderner Sicht, in: Verkauf und Marketing, Heerbrugg 2/1973, S. 5.

(36) Naumann, Carlheinz; Die Verkäufer von morgen, in: Management heute, Bad Harzburg 9/1984, S. 21.

(37) Nerdinger, W.; Deutschlands Verkäufer sind Beamte, in: Absatzwirtschaft, Düsseldorf 5/1986, S. 51.

Stichwortverzeichnis

Abteilungsleiter 22
Angstbewältigung 19
Auffassungsvermögen 34
Aufstieg 22

Berater 23, 25
Berufserfahrung 28
Beurteilungsbogen 73
Beurteilungssystem 80
Bewerberauswahl 30
Bewerbungsunterlagen 32
Bezirksleiter 22

Chancen 118
Chefvertreter 12, 118

Deckungsbeitrag 67
Direkttraining 120
Diskussionsfreude 123

ego-drive 28
Eigenschaften 10
Einfühlungsvermögen 11
Einführung 37
Einführungsprogramm 124
Einstellungsgespräch 30
Einstellungspraxis 32

Fähigkeiten 10
Fernunterricht 125 ff.
Festgehalt 108 f.
Filialleiter 22
Fixum 108 f.
Fördergespräch 106
Führungsaufgaben 63
Führungsprinzipien 56
Führungsstil 58 f.

Garantiezahlung 111
Gehalt 107 f.
Generalisten 121
Großunternehmen 111

Handelsvertreter 35 ff.
Hemmungsabbau 19

Information 39
Informationsmittel 23
Impulse 126

Kommunikation 40 f.
Konflikte 46 ff.
Kontaktfähigkeit 34
Kontrollen 68 ff.
Kosten 35
Kreativitätstraining 124
Kundenbetreuer 25

Lehrblock 121
Leistung 35
Leistungsbereitschaft 59
Leistungszahl 79
Loyalität 120

Merchandizer 12
Mitarbeiterbestand 10
Monologe 121
Monotonie 121
Motivation 41

Öffentlichkeit 121
Ökonomisierung 125 ff.

Patenschaften 38
Persönlichkeit 34
Personalanzeigen 24

Personalführung 9
Personalsuche 21
Pflichtenheft 14
Probezeit 37
Provisionsvertreter 30
Qualifikation 12, 37

Rabatte 64
Reisende 35 ff.
Repräsentant 25

Sales-Manual 125 f.
Schulungsmittel 122
Spezialisten 121
Stehvermögen 34
Stellenanzeigen 24
Stellenmarkt 24
Streß 19

Theorie 122 ff.
Trainer 120 ff.
Trainingsaufbau 121
Trainingsziele 121

Überqualifikation 27

Umsatzergebnis 74
Umsatzgeschwindigkeit 121
Umsatzkontrollen 67

Verhandlungsgeschick 34
Verkaufsaufgaben 60
Verkaufserfolg 9
Verkaufsfibel 125
Verkaufsförderer 12
Verkaufsführung 11
Verkaufsleiter 13
Verkaufsstäbe 11
Vertrauensverhältnis 24, 30
Vertreter 23
Vertriebsorganisation 54
Verwaltungsaufgabe 62
Vorgesetzte 10
Vorstellungsgespräch 32

Weiterbildung 120 ff.
Weiterbildungsprogramme 125

Zusammenarbeitsbilanz 81 ff.
Zusammenspiel 60